香港司法的未來

烈顯倫 著

田飛龍 譯

商務印書館

香港司法的未來

作　　者：烈顯倫
譯　　者：田飛龍
責任編輯：張宇程
封面設計：麥梓淇
出　　版：商務印書館（香港）有限公司
　　　　　香港筲箕灣耀興道 3 號東滙廣場 8 樓
　　　　　http://www.commercialpress.com.hk
發　　行：香港聯合書刊物流有限公司
　　　　　香港新界荃灣德士古道 220−248 號荃灣工業中心 16 樓
印　　刷：美雅印刷製本有限公司
　　　　　九龍觀塘榮業街 6 號海濱工業大廈 4 樓 A
版　　次：2022 年 4 月第 1 版第 1 次印刷
　　　　　© 2022 商務印書館（香港）有限公司
　　　　　ISBN 978 962 07 66681 7
　　　　　Printed in Hong Kong

目 錄

關於作者

作者烈顯倫（Henry Litton）在他 80 歲的生日慶典上被人問到：「您想在墓誌銘上刻上甚麼呢？」他立刻回答：「一名服務社區、熱愛家庭且從未做過壞裁決的好法官。」

作為香港土生土長的第三代人，他的母語是粵語，並相繼在九龍拔萃男書院、湯頓國王學院（King's College Taunton）以及牛津墨頓學院（Merton College, Oxford）接受教育。

他取得法律學位後第一年在瑞士擔任教師，後來在格勒諾布爾大學（Grenoble University）研修過一個學期，並在意大利和西班牙遊歷，學習當地語言，再返回倫敦完成律師資格考核。

他於 1959 年通過格雷律師學院（Gray's Inn）加入英國大律師公會，並於 1960 年加入香港大律師公會。他擔任過香港大律師公會的七屆主席，並在 1970 年獲委任為御用大律師（Queen's Counsel）。他曾在香港多個政府機構任職，包括稅務

上訴委員會，以及曾擔任污染控制上訴委員會主席和城市規劃
上訴委員會主席。

他於 1992 年獲委任為香港上訴法院法官，在 1997 年 7 月
1 日中國恢復對香港行使主權後，又被委任為新組建的香港終
審法院常任法官。2000 年，他退任香港終審法院常任法官一
職，同時獲委任為該法院的非常任法官，並一直履職到 2014
年。其後他被委任為香港大學法律學院名譽教授。

當被問到「你認為一個好法官的核心素質是甚麼？」他回
答說：「專注、謙恭且要愛普通人」。

前言

　　這本書首兩個部分是我在 2019 年出版的兩本英文書的中文合編本。它探討了一個不為公眾所知的法律面向。

　　司法機構有一個發佈法院判決的網站，但從來沒有人會以此作為消閒閱讀。假如法院的任何判決引起公眾關注，通常都是透過媒體評論來推動的。那些評論僅僅是法院判決的概要。公眾對法院如何闡釋相關法律議題、對大律師提出的論點，以及律師如何形成推理根本完全沒有概念。

　　眾多判決文件長達數十頁（如 2019 年 11 月高等法院關於蒙面法案件的判決書便長達 100 頁），而且是用一種即使是精通英語的人也不大看得懂的語言寫成，致令法律被隱藏於一種神秘狀態。這就掩蓋了法律系統中一種根本的「不適感」，這種不適感從未在媒體上獲得討論，因為沒有哪個媒體記者有時間、耐性甚至知識來深入探討那些判決。

　　1997 年香港回歸時，普通法朝氣蓬勃而且強勁有力。那時的判決精簡、集中於真實議題且易於看得明白。但過去 20 多年來，這種法律的朝氣潛移默化地被一種冗長、哲學化及消極地依賴大律師意見的文化所侵蝕。

　　這一趨勢在公法領域中尤其帶來傷害，因為相關事務通常會涉及到香港特別行政區與中國內地的關係。在這裏，由於「一國兩制」原則最終會在香港法院中被實踐，故司法裁決的清晰性和簡潔性便顯得更加重要。

　　普通法是法官法，也是香港法律系統的基石；因而法院判決中的推理應當是透明和直截了當的。否則，香港特別行政區就不能在達成「一國兩制」原則的真正目標上盡其職責。

　　《基本法》是一部全國人大制定的憲制性文件，是香港特別行政區法律系統的憲制基礎。它是一個統一的原則整體，並非任由律師們篩選的一堆孤立條文的組合物。

　　本書提供了若干案例，引證了各級法院在香港大律師的引導下幹出的偏離法律之事。在與《基本法》第 3 章規定之個人權利和自由有關的案件中，法院採納了扭曲相關條款範圍的解釋方案。一次又一次地，法官為那些權利和自由賦予效力，卻未有充分考慮到相關責任。那些個人權利被允許凌駕於公共善（public good）之上。

　　法院並非以直截了當的方式援引《基本法》上的直白表述，反而採納了來自歐洲法理學的規範和價值，以合理化《基

本法》的有關條款。這就是終審法院在希慎興業有限公司訴城市規劃委員會 (*Hysan Development Co. Ltd v Town Planning Board*) 一案中所持的立場，其中《基本法》第 6 條和第 105(1) 條被援引適用，以否定城市規劃委員會對灣仔和銅鑼灣所設置的規劃條件。

法律的自律性早就被拋諸腦後。

一個特別壞的先例是 Q 醫生訴香港醫務委員會健康事務委員會 (*Dr Q v The Health Committee of the Medical Council of Hong Kong*) 一案，其核心法律問題只是一個純醫學問題：註冊醫生是否適合行醫？然而，這件事卻被轉變成一個法律遊戲。在經歷三個分別進行的司法程序、並花費了數百萬元訟費之後，高等法院法官不得不承認：

> 最後到達的位置是：在那宗醫療事故發生後 5 年多，並在高等法院首次處理該案以來的 4 年多，訴訟各方又回到了原點。

「回到了原點」。然而，在這些司法程序中的幾個階段，如果法院能妥善管理案件，本可避免這宗悲劇發生。不過，法官從未取得控制權。在每個階段中，他們都仰仗大律師的鼻息，受其引導。

香港社會如今正面臨司法改革問題的極大困擾。例如，被告人量刑之類的法律實踐的可見層面已處於檢視範疇。那些隱藏的「不適感」以及法律系統中帶有深刻缺陷的文化，繼續被

掩蓋在如雪崩式的各種話語之中。

　　書中的相關文章旨在將上述病症曝光。

　　治療的藥方就在司法機構本身。這會是對香港人能否真正且有效地落實「港人治港」，並堅決地達成香港特別行政區「一國兩制」政策背後的宏願的一大考驗。

香港司法夢遊向 2047 年？
—— 抽象原則有否窒礙行之有效的法律系統

第一部分

引言

普通法根深葉茂。學者往往將其起源追溯至《大憲章》（Magna Carta）——一份於 1215 年 6 月由英王約翰所簽立、最終規避了內戰和政權更迭的「大憲章」。

根據這份文件，英王約翰承諾尊重人民的財產權、繼承權、免遭任意逮捕的權利，遵守法治以及有效的司法制度。同時，這份莊嚴的聲明也奠定了當權者與被統治者之間的平衡。

《大憲章》於中世紀的英格蘭誕生，那時候濫權成風。當時的許多情況雖然已經不會再在我們身上重演，但《大憲章》當中的基本原則卻歷久彌新。就是這樣，經過了長年累月對人類自身經驗的周密考慮，開創了無數先例，一套建基於上述那些核心原則的法律制度隨之而起，成就了我們今天所認識的普通法。

在 19 世紀，隨着大英帝國的擴張，普通法成了地球上過半疆土的法律制度。無論我們對殖民主義如何評價，普通法無

疑是英國留給世界最珍貴的一份遺產。亞洲那些獨立逾半世紀的前殖民地或統治區域，無論是巴基斯坦、印度、斯里蘭卡、孟加拉、馬來西亞、新加坡、文萊還是香港，至今依然沿用普通法，便是明證。

1982 年，在英國與中國就香港前途問題展開談判之時，所有人對普通法的看法一致，就是它提供了一個理性、有效和合乎常理的制度。由法庭的實踐可見，當年的制度既簡明又剛健，並着重於補救措施。

中方在談判期間，信納了此制度並將其寫入了《基本法》第 8 條，保證香港在 1997 年 7 月 1 日成為中華人民共和國的一個特別行政區之後，將繼續實行普通法 50 年。

如《基本法》第 5 條所指，普通法是香港「資本主義制度和生活方式」的基石，它充滿了香港生活的各方各面，無論是政治、經濟抑或社會皆然。

回顧過去，普通法所面臨的第一個風暴可說是在 1991 年《人權法案條例》生效時已經形成，那時距離全國人民代表大會頒佈《基本法》僅僅一年。當時，一些律師對該法案的實施極為熱忱。我身為當時仍在執業的御用大律師，在《南華早報》發表了一系列文章，向社會警告這法案有被濫用的危險。無獨有偶，英國樞密院在 1993 年的 *Attorney-General of Hong Kong v Lee Kwong Kut* 一案中也曾頗為有力地提出警告：「雖然香港司法機構應竭力捍衛香港［人權］法案所保障的權利，但同時

也必須保證與法案效力相關的爭議不會尾大不掉。在處理關乎《人權法案條例》議題時，法庭應務實、理性以及謹守分寸。否則，此法案只會成為不公義而非公義的根源，並在公眾的眼裏大為貶值。」

司法機構首次面對的真正考驗，來自 1995 年的 *Attorney-General of Hong Kong v Hui Kin Hong* 一案。在該案中，根據《防止賄賂條例》（Prevention of Bribery Ordinance）第 10(1)(a) 條，一名政府僱員被控貪污。該條文指出，如果控方證明該政府僱員正維持高於與其公職薪俸相稱的生活水平，他便需要承擔舉證責任，為自己如何維持該生活水平作出解釋。假如他無法作出圓滿的解釋，便會被裁定罪名成立。

在該案中，辯方說服了處理該案的區域法院法官裁定該條文違反了《人權法案條例》中無罪推定的原則，並將其廢止。《防止賄賂條例》第 10(1)(a) 條對香港打擊貪污而言至關重要。有人曾形容該條文過於嚴苛。這在一定程度上是對的。然而，貪污行為的本質是隱秘的，而一個人如何維持他的生活水平往往只有他自己才最清楚。至於第 10(1)(a) 條是否違反《人權法案條例》中無罪推定的原則，這最終取決於香港本地的情況。對香港而言，由於法庭沒有能力評估其他國家變幻莫測的社會情況，他們如何打擊貪污的參考價值十分有限。根據同樣道理，無罪推定原則何時可被放寬，這也絕非一成不變。

其後，律政司就該案提出上訴。當時，我已是上訴庭法官之一。如果法庭拒絕律政司的上訴，我們可以預見猖獗的貪腐

將重回香港制度之中。當時，我們沒有為尋找答案而走遍四海，並以本地的視角看待此種情況。最後，包致金法官（Justice Bokhary）代表上訴庭頒下了只有 8 頁的判決書，推翻了區域法院法官的裁決，並重新將第 10(1)(a) 條放回條例當中。當時是 1995 年，我們只依據一般普通法原則而裁決，沒有甚麼人來吹噓叫囂，也沒有甚麼人為此大造文章。

自此之後，整個司法界的氣候卻出現了劇變。如果此案交由當今的香港法庭審理，法庭恐怕只會將香港當成歐盟的一員，繼而討論歐洲人權法律，並援引那些出自歐洲斯特拉斯堡（Strasbourg）人權法院的案例。

但其實《證據條例》（Evidence Ordinance）第 59 條有容許這種情況發生嗎？該條文提醒律師和法官一個基本原則：由於歐洲法理是「外地法律」，如果與訟雙方決定引用這些「外地法律」，就必須透過專家證供證明其內容。假如有一位大律師是歐洲法理專家，這當然相安無事。但他必須以專家證人而非大律師的身份出庭，並接受控辯雙方盤問。如他以訴訟辯護人身份到庭，並嘗試援引來自歐洲的「案例」，法庭應立即阻止。無論如何，歐洲法理斷然不能被強行「移植」到香港的本地法律當中。然而，當今的香港法庭卻完全漠視了第 59 條及其意義。

與香港截然不同的是，英國和其他歐盟成員國均有條約上的義務在其本地法庭實施歐洲法律。同時，英國也早已頒佈特別法例，處理如何在法庭上適用歐洲法律的問題。香港顯然沒

有相同的責任，更沒有頒佈類似的法例。然而，我們的法庭卻把如此分明的事實拋諸腦後。

除了歐洲法理在不知不覺間被「移植」到香港之外，我們的法律制度在另一方面也正在被蠶食：那就是現今法庭所頒下的判決書，經常充斥着跟與訟人面對的問題完全無關的晦澀法律觀點。它們除了深奧難解之外，更遑論被翻譯成中文。逐漸地，普通法嚴謹的紀律也被淹沒在無盡的論辯之中。

形象化地說，這兩個趨勢就像是在半空中幻化出一座城堡，而它們與凡間種種問題的唯一牽繫，就脆弱如一條近乎看不見的弦線。這海市蜃樓與市民大眾完全脫節，既獨處一角又堅不可摧。

追求司法公正的權利是民主的支柱。這不單是說市民應有提出訴訟的權利，更意味着訴訟各方必須能夠清楚理解司法程序當中的每個步驟，包括判決書本身。由於這是基本的普通法權利，這必然意味着法官有責任令司法程序更加透明。所以，如果大律師提出與案件爭議無關的論點，但法官卻參與討論，他便違反了自己的憲制角色，並打擊了他作為司法人員的獨立性。

話雖如此，面對大律師在法庭上的喋喋不休，香港的法官卻似乎無能為力。在近期的一宗案件中，一名高等法院法官對一名資深大律師的陳詞作出了以下批評：「[他] 的書面陳詞接近 100 頁，內容重複且雜亂無章。在 [大律師的] 書面

陳詞中找到的論點刁鑽且五花八門，但實際上根本無可能逐點處理……」。

這位法官提醒了大律師在《高等法院規則》第 1A 號命令之下的責任如下：「……訴訟雙方有責任協助法庭理解案件**實質的爭論點**，並盡速有效地處理它們。雙方均有責任公平、精簡並且嚴謹地陳述他們的案情……」。同時，他也批評該名資深大律師不斷重複荒謬論點的做法：「……把同一樣的論點以不同方法重複論述對法庭毫無幫助。無論如何把錯誤的觀點加以覆述或重新包裝，錯誤的觀點依然是錯誤的……」。

然而，這名高等法院法官的告誡卻沒有人理會。這不禁令人質疑香港究竟是一個法治社會，抑或是一個由律師管治的社會。當大律師在陳詞時愈發鋪張，將費解的概念以更形晦澀的方式來演繹，法律的紀律亦會隨之消減。在大學課堂之中，比較法理學當然是一門健全且有用的學科，但實情是它在法庭上並不起甚麼「指導」作用。

與此同時，裁判法院的簡易執法程序也陷入了無意義的論戰之中，這違背了行政長官在《基本法》第 48(2) 條下需要執行香港法律的責任。

結果往往是，法律被毫不相關的問題所吞噬的同時，也迷失了方向。

《基本法》第 5 條清楚指出，在 2047 年 6 月 30 日子夜鐘響的一刻，中華人民共和國政府對香港的「資本主義制度和生

活方式」的保證便會宣告屆滿。換言之，香港是世界上唯一設有期限的普通法司法管轄區。由此觀之，香港與其他法律體系相比，無疑是獨特的。

然而，對香港社會而言，這意味着 2047 年的逼近殊為不妙。正如在 1983 年一樣，我們很快便要面對這個問題：「香港的未來將會如何？」究竟我們將會融入大灣區成為一個普通城市，還是仍然可以是一個適用普通法的國際金融中心？這一次，不會有主權國家為延續香港的制度挺身而出，香港只能單打獨鬥。因此，香港必須為自己的問題找出自己的解決辦法。香港的領袖屆時將要為他們在回歸以來的管治被問責。就法律而言，我們需要解答的問題將會是：究竟這個法律制度是否仍然符合香港的所需所求？

殊堪惋惜的是，人類社會每每對自身的制度缺陷視而不見，而這種盲目卻戕害着世間上最出類拔萃的人。就以美國獨立宣言為例，哈拉瑞（Yuval Noah Harari）在其著作《人類大歷史》（*Sapiens: A Brief History of Mankind*）第 149 頁中便指出：當該宣言聲稱「人人生而平等」為不辦自明的真理時，女人、黑人與印第安人實際上被排除在外（上帝禁止這些人掌權！）。同時，當該宣言表明造物主業已賦予人類種種不可剝奪之權利（包括自由的權利）時，黑奴卻付之闕如。當然，美國的幾位開國元勳本來就是奴隸主（包括華盛頓和傑佛遜），獨立宣言自然對解放他們擁有的奴隸沾不上絲毫關係。

哈拉瑞在書中接着說：所有靠幻想構建出來的等級制

（imagined hierarchy）往往摒棄其賴以所生所養的土壤，並宣稱自己屬於天生天養，不假外求。我不禁要問：究竟香港的司法機構是否已被這種哈拉瑞口中的「歷史鐵律」（"iron rule of history"）所纏繞，逐步成為那種完全與社會脫軌的空中樓閣？

本部分的文章旨在問：「香港的司法機構是否將夢遊向 2047 年？」為此，我向當今的香港法律界發出以下的警號：如果仍由這種萎靡在法律專業繼續蔓延，香港的前途必定困難重重。

這些文章旨在透過不同的案件指出司法紀律如何遭受侵蝕，以及真正的司法獨立何以受到破壞。這些問題的種種禍根包括：法庭對大律師的縱容、對實事求是精神的揚棄，以及對旁徵博引的放任。這一切已令勤勉的法官迷失方向，並失去辨別真實問題的能力。

大致而言，法官為了雕琢他們的判決書往往煞費苦心。這或許是值得欽佩的，但問題也隨之而來：這些判決書達到它們應有的目的了嗎？它們是否在恰當的時候提供了恰當的救濟？

其中一個例子就是那惡名昭彰而幾近荒唐的宣誓案：行政長官及律政司司長訴梁頌恆、游蕙禎及立法會主席（*HCAL185/2016* 及 *HCMP2819/2016*，區慶祥法官，15/11/2016）。

案件的事實再清楚不過了。

《基本法》第 104 條表明，當立法會議員就任時，他們必須「擁護中華人民共和國香港特別行政區《基本法》」以及「效

忠中華人民共和國香港特別行政區」。這些條文統統一字一句
載於成文法典,不能容忍任何的偏差,其原因是顯而易見的:
宣誓是每位公職人員(包括行政長官、主要官員以及法官)在
上任前必須作出的莊嚴公共行為(public act),而目的在於讓
公眾相信他們行事合憲、依法,並且以香港的利益為依歸。

2016 年 10 月 12 日,在立法會的宣誓儀式上,梁、游二人
帶同展示 "HONG KONG IS NOT CHINA"(「香港不是中國」)
字樣的橫幅。當立法會秘書長要求他們宣誓時,他們以說話及
肢體語言清楚表明了他們並不打算擁護《基本法》或效忠香港
特別行政區。結果,立法會秘書長叫停他們,並表明宣誓儀式
無法繼續舉行,理由是他們沒有按訂明的形式宣誓。縱使他們
最後宣稱會重新宣誓,但實情是他們卻變本加厲:例如,游氏
沒有正確地讀出 "the People's Republic of China",反而三次將
其讀成 "the People's Refucking of Shee-na"。

這些行為所引致的法律後果再清楚不過了。根據《宣誓及
聲明條例》(Oaths and Declarations Ordinance)第 21 條,當梁、
游二人拒絕根據訂明的方式宣誓時,他們就任立法會議員的資
格即被取消。

令人驚訝的是,立法會主席卻決定在 10 月 18 日容許他們
再次宣誓。這一舉動只可能導致兩個後果:第一,梁、游二人
將仿照訂明的方式宣誓(既然他們已明確地拒絕擁護《基本法》
或效忠香港特別行政區,這無疑是另一場鬧劇);第二,他們
會重複之前的舉動或作出類似的冒犯行為。

在這種情況下，行政長官連同律政司司長作出兩個禁制令申請。一方面，為了阻止梁、游二人以立法會議員的身份或宣稱以該身份行事。另一方面，亦為了阻止立法會主席准許梁、游二人再度宣誓。

梁、游二人和立法會主席同時反對該申請。

如果常理是指導法庭的原則，這會是一宗一目了然的案件，但大律師在法庭上對此申請提出反對的理據，卻偏偏揭示了他們反對申請本身的愚昧。

梁、游二人的主要論點有兩個：第一，由於宣誓一事屬於立法會的「內部事務」，法庭無權干預；第二，根據《基本法》第 77 條，他們無論如何都應免於訴訟，而該條文的規定是：「香港特別行政區立法會議員在立法會的會議上發言，不受法律追究。」

依我看來，他們的反對註定失敗，根本毋庸多言：立法會的「事務」根本尚未開始，而且他們的發言並非在立法會的任何「會議」上作出。

立法會主席一方的立論更為荒謬。他的主要論點看似如此：雖然他宣稱根據法律意見，決定在 10 月 18 日會議上再次舉行宣誓儀式，但由於該決定純屬「程序性」而非「實質性」，故此並不能被司法覆核。

該禁制令的申請被安排在 2016 年 11 月 3 日（星期四）於一名高等法院法官席前進行聆訊。

這宗案件對香港的憲制秩序具有深遠意義，故此得到北京最高層的關切並不令人意外。當時，婦孺皆知全國人民代表大會常務委員會將在該週末召開會議，而在那一刻香港仍未被放到議程之上。實際上，這是對港人能否在「一國兩制」下勝任治港的一個考驗。

　　正如我剛才提到，這是一宗直截了當的案件，事實沒有爭議，而法官絕不應該對結果有任何疑惑。

　　10 位大律師出席了 11 月 3 日的聆訊，當中 5 位是資深大律師。經過一整天的聆訊，代表申請人的資深大律師要求法官在當天頒下判決，如有需要可押後宣告理由。法官拒絕此要求並指示休庭。對他而言，一切照舊。

　　一如所料，全國人大常委會在週末於北京舉行的會議上，將此事一手包辦。該機構隨即在緊接的星期一（11 月 7 日），根據《基本法》第 158 條賦予他們的解釋權力，指出《基本法》第 104 條應有如下的涵義：由於宣誓是公職人員就職的法定條件，同時也是莊嚴的行為，故此除非宣誓已完成，任何人不得就任相應公職並行使相應職權；換言之，若宣誓人拒絕宣誓，他即喪失就任相應公職的資格。

　　由於全國人大常委會的釋法對香港法庭顯然具有約束力，意味着 11 月 3 日的聆訊上，無論是被申請人荒謬的論點、典據的引用抑或源自該程序的任何判決，全都是徒勞無功了。

　　但區法官卻依然故我，在 11 月 15 日援引人大的釋法並頒

下判決，指出該解釋對他具有約束力。該判決書長達 56 頁，洋洋灑灑地處理了大律師的論點以及海量的案例，但是無論他費了多大力氣，這一切毫無實際意義。當然，該判決書並非在所有意義上都一無是處，至少它再次毀傷了香港的高度自治，並讓世界看到港人無法有效治港，甚至需要全國人大常委會在如此短時間內以寥寥數語以正弊端。

在判決書的第 116 段可見，法官顯然曾允許與訟雙方就人大釋法提交書面陳詞。我不禁要問：究竟這指示的目的為何？難道人大釋法的內容本身或者其約束力竟有半分含糊？這一切恐怕不過是假戲真做，除了顯示港人無法有效與及時地處理這問題外，一無是處。反而令人痛心的是，這一切都顯示了香港人有負在「一國兩制」下自治的重託。

我再舉一個案件為例：潘蓮花訴食物環境衛生署署長（*HCAL 73/2013* 及 *HCAL 110/2013*，林雲浩法官，31/8/2018）。

在第三世界國家的城市，破爛的海報掛滿牆上、燈柱甚至欄杆的情況屢見不鮮。那些管理完善的城市與此情況有着鮮明的對比，如香港也一向視「市容」為其珍貴資產。

然而，此情此景或許不再。2018 年 8 月 31 日，林雲浩法官頒下潘蓮花一案的判決，宣告由於有關法律與《基本法》不相符，屬於違憲。

然而，那些會鑽此條文空子的人大概仍未注意到這份判決書，香港井然有序的市容仍很可能再維持一段時間。為甚麼

呢？其實無他，只不過因為判決書充斥着一些脫離香港社會環境而無人明白的內容，例如抽象地討論那些引申自歐盟及其他海外司法管轄區法律的規範以及原則。同時，那份以英文寫成的判決書完全無法被翻譯成中文，即使有人嘗試翻譯，其意蘊恐怕依然無人明瞭。

當然，需要為此爛攤子負責的豈止主審法官一人。這宗司法覆核最初源於 2014 年 10 月提出的申請，當時由潘兆初法官處理此案，由於潘法官拒絕該申請，申請人遂提出上訴。上訴庭其後決定將申請發還至原訟法庭處理，但只容許法官處理兩個法律的爭議點——這無異於牢牢地掣肘了林法官。

潘蓮花一案正正展示了在過去 20 年間，法律已在法庭變得離地萬丈。試想想為了撰寫這份長達 45 頁的判決書（包括腳註），法官在背後花費了多大的精力，付出了多麼辛勤的耕耘，但卻是多麼的誤入歧途。

更令人憂慮的是，這份判決書揭示了法官如此輕率地接納大律師有關現行條文與《基本法》相違背的論點，香港的高度自治又是那麼輕易地可被法庭摧毀。

該判決書的重心在於《公共衛生及市政條例》(Public Health and Minicipal Services Ordinance) 第 104A(1)(b) 條，該條文列明凡未獲食環署署長的書面准許，任何人不得在政府土地上展示招貼或海報。

在該條文下，署長根據一個經公眾諮詢後推出的管理計劃

行使其酌情決定權。本案中的申請人從未向署長提出要求准許他根據第 104A(1)(b) 條在政府土地張貼海報或橫幅。相反，在法律援助署資助律師的協助下，他肆意攻擊該條文的「合法性」（legality），聲稱該條文違反《基本法》中與言論、集會以及遊行自由有關的第 27 條和第 39 條。

因此，從始至終，這案件都只不過流於學術討論（academic exercise）。

《基本法》第 39 條的有關部分只是簡潔地指出：「香港居民享有的權利和自由，除依法規定外不得限制。」

在判決書第 100 段，法官總結道：「將第 104A(1)(b) 條應用於這案件等同對申請人的言論、集會以及遊行自由設下限制，而這並未滿足『依法規定』的要求。」基於這個原因，他裁定食環署署長要求拆除這些告示及橫幅的命令逾越了其法定權限，並將該命令推翻。

這對香港的良好管治有着最深遠的負面影響。不難想像的是，將會有人根據此判決書，引用《基本法》挑戰對其他活動的類似規管。《基本法》不再是香港安寧與穩定的基礎，反而變成了攻擊我們社會制度的武器。而這一切卻正正是法庭所容許發生的。

這無疑是引火自焚，令人深感不安。

《公眾衛生及市政條例》本身從來沒有就言論、集會或遊行自由設限。第 104A(1)(b) 條只不過訂下了在政府土地上張貼

的規矩，半分也沒有多說。另外，該管理計劃亦只表明署長行使酌情決定權的政策。這一切已是對言論自由「依法規定」的最低限度。

《基本法》第 39 條是在北京以中文頒佈的。我相信對好一些人而言，無論用原文還是英文來閱讀該條文，如果他們得知香港法庭是以這種方式解讀如此淺白的文字，並因此認為用以判斷能否張貼橫幅的本地法律條文並非「依法規定」，不免會嘖嘖稱奇。

他們也許心裏更會暗問：為何一份憲制性文件中淺白的文字經過海外案例的「指導」後，可變得完全難以理解。

管理招貼或海報的張貼屬於本地事務，毫無疑問，這本該由香港法庭根據普通法來處理，北京實無從置喙。相反，根據《基本法》第 158 條，由於該法的最終解釋權在全國人大常委會而非香港法庭手中，任何對《基本法》的詮釋都必然關係到香港的高度自治。

所以，當法院每次以抵觸《基本法》為由推翻一條法律條文時，都會因增加北京當局介入推翻法院相應判例可能性的方式削弱香港的高度自治。恐怕正因為這個原因，終審法院常任法官李義（Robert Ribeiro）在律政司司長訴丘旭龍及另一人一案中說道：「每個裁定法律條文違憲的決定都有着最深遠的影響⋯⋯」。

在 2014 年，國務院發佈了一份白皮書，當中提到法官「肩

負正確理解和貫徹執行《基本法》的重任」。這驅使了好些律師舉行了一次靜默遊行，以示抗議。大律師公會更發出一份聲明，批評北京錯誤地將法官歸類為「治港者」。

對大律師公會而言，北京在白皮書中的所言不可能只是對法庭錯誤理解《基本法》的意見，而是對司法獨立的攻擊。值得深思的是，大律師本應擁有比任何人更為開放的心智。

出於禮節，無論是現任法官還是前任法官都鮮有批評他們的同僚。然而，由於香港的前途事關重大，我不得不暫且將這個慣例擱置一旁。屈指算來，香港已經差不多走到距離 2047 年期限的一半。如果香港要挺過 2047 年，當務之急是要回歸到普通法以實用為根基的傳統。有人或許會問：「就算香港在 2047 年後與內地的制度融為一體，那又如何？」香港的生活方式是值得我們堅守的，而其賴以為本的正是普通法。對每位抱有這個信念的人，當中無疑包括每位法官和律師，我會這樣說：為了捍衛香港原有的生活方式，普通法必定要再次變得與尋常百姓息息相關。

這一系列文章，我不單為律師和當權者而寫，也獻給每一個真正關心香港長遠前途的人。

第一章
司法獨立之反思

導言

假如有人問起：甚麼是法官的首要職責？答案一定是：以一種有效且透明的方式維持法治。

假如接着有一個問題追問，即他或她應如何履行上述職責，答案可以是：在裁決案件時聚焦於真實議題，拒絕一切形式的困惑、費時之功和不相關之事——成為司法獨立的真實支柱。

2015 年 8 月，香港自由新聞（*Hong Kong Free Press*）刊登的一篇文章列出了香港司法獨立的六大挑戰。首要挑戰就是「法官的超限的工作負擔」（"excessive workload"）及法庭上的司法拖延（delay）。也曾有其他律師提出過類似論調。

超限工作負擔

關於司法工作負擔，其壓力可能來自外部，例如法庭受理案件數量的大幅增加。

由香港司法機構發佈的 2012-2016 年數據顯示，原訟法庭每年的工作負擔增加了約 20%，從 17,751 件增加到 20,219 件，而在截至 2017 年 12 月 31 日的三年內，整體的數據幾乎沒有任何變化。

終審法院首席大法官已被限制任命高等法院代理法官——那些有司法職位但不屬於常任法官的人，該機制被某些人強烈譴責為有損司法獨立。首席大法官呼籲任命更多法官，認為狀況非常嚴重。

然而，工作負擔增加是唯一或者主要的問題原因嗎？

或許與法庭自身的行為相比，人力資源不足並非問題重心所在。是否一種繁冗和不相關的文化，已經注入司法系統，導致其力量衰竭、資源承受巨大壓力，並浪費納稅人金錢嗎？換言之，是否嚴格的法律自律性（discipline of law）被腐蝕才是問題核心？

假如這才是問題所在，解決方案就不是簡單增加人力資源，而是根本地改變法庭文化：扭轉在過去 20 多年來注入司法系統的一種潮流；回歸嚴格的法律自律性，這種自律性致力令聆訊與裁判盡量簡明扼要。僅此一項即可釋放出無盡的司法時間。

不過，法庭還面臨着一個幾乎可被視為新維度的特定問題，而處置不當已然造成了一種危機，達到阻撓行政長官履行依據《基本法》第 48(2) 條的要求執行香港特別行政區法律的憲制責任的程度。這方面的例子隨後會在本章提及。

首要原則

談到司法獨立，我們自然要探討那些首要原則。

根據《基本法》，政府存在三根支柱：行政、立法和司法。

立法機構制定法律，確保我們熟知的生活質量得以維繫：街道安全，交通有序，餐廳衛生，建築物不會倒塌，等等。

法庭（主要是裁判法院）通過合理的司法命令執行這些法律。

政府的行政分支通過必要的行政行為實施法律。

行政機構、立法機構和司法機構三者構成了香港特別行政區政府。它們是確保香港社會和平穩定的平等支柱。法庭並不比其他兩個分支更高，卻是與它們一起維護香港法治的平等夥伴。理解不到這一根本要點，便導致了本章列出的不幸後果。

法律的自律性

長期以來，法律的自律性帶來了一種簡明而強勁有力、由沉浸於普通法規範和價值的法官掌管、對司法拖延與司法困惑絕不寬容的法律系統：這是對真正司法獨立的反映。

這一法律系統是中國和英國兩個主權大國在 1984 年達成的共識，應當在 1997 年香港回歸後的特別行政區繼續存在。

普通法的本質

普通法是法官法 (judge-made law)。它起源於社會基層。通過累積個別案例，法律原則得以演化。就像一座金字塔，普通法的底座寬闊，建立在人類經驗之上，而經驗又不斷被汲取以建立法律「頂端」的理論和原則。普通法訴訟的關注點，是基於對關鍵事實和問題的深入理解之下的補救方案。法庭的全部精力應當聚焦於真實議題，以便依法取得可行的結果。

在香港過去 20 多年的諸多案件裏，這座金字塔已本末倒置。一個法庭以法律理論化開啟裁判過程，而不是先去分析關鍵事實。在無需討論的地方，法律卻被「討論」。真實議題已被拖延的司法辯論所遺忘。理論化取代了焦點。

到底是甚麼導致了這種後果呢？

一個新維度

這裏涉及大量因素，包括這個法律系統中的一個新維度，即要求對法庭在解釋制定法（statutes）時的角色予以新的關注。

這個高等法院似乎只是模糊意識到的新維度，就是引入立法會的絕大部分法案都是以中文書寫的，獲得主要官員中文發言的支持，並由立法會議員以粵語展開辯論。

一旦制定通過，法律就會以中英文兩種官方語言予以公佈。制定法的「中譯本」並不比「英譯本」更加準確。兩種文本具有同等效力。

一種處理制定法英文文本的表面意義法（black-letter approach），即對條款進行過度的闡釋，導致法律的增生和含混。有時甚至可能導致整個處理變得毫無意義。

梁國雄等訴香港特別行政區案

最終由終審法院裁決的梁國雄等訴香港特別行政區（*Leung Kwok Hung & Others v HKSAR [FACC 1 & 2 of 2005, 8/7/2005]*）一案，本身提供了一個極佳的例證。

案件起因於裁判法院的一宗簡易控罪，其中幾名被告被認定觸犯了一項輕微罪行，各被判自簽擔保 500 元，守行為三個月。

　　他們組織了一次由中環遮打花園經一條繁忙高速公路，再到灣仔警察總部的示威遊行，到達終點後即聚集在街上高喊口號；所有行為均未事先通知警方，顯然觸犯了《公安條例》（Public Order Ordinance）第 13A 條的規定。他們對此檢控沒有可行的辯護，實際上也沒有提出甚麼辯護。相反，他們提出授權警察管制公眾遊行和示威的整套制定法屬於違憲。

　　該案花了近三年才由終審法院結案，判決書涉及了在香港警察管制相關事務的語境中，對集會、示威、遊行與言論自由的寬泛陳述，引用了幾乎全世界的案例、作品和陳述文件。

　　終審法院考慮的問題是，管制公眾遊行的《公安條例》第 13、13A、14 和 15 條是否違反了《基本法》第 27 條和《香港人權法案條例》第 17 條。

　　《基本法》第 27 條規定：「香港居民享有言論……結社、遊行和示威的自由……"

　　該條款於《基本法》第 3 章出現，該章的標題為「居民的基本權利和義務」，並且受到《基本法》第 42 條之認可：「香港居民和在香港的其他人有遵守香港特別行政區實行的法律的義務。」

　　《香港人權法案條例》第 17 條規定：「和平集會之權利，應予確認。除依法律之規定，且為民主社會維護國家安全或公眾安寧、公眾秩序、維持公共衞生或風化、或保障他人權利自由所必要者外，不得限制此種權利之行使。」

由終審法院多數派作出的該案判決，向來被法律界視為香港人權問題的標誌性陳述。而從學術觀點而言或許是對的。但該判決帶出了兩個根本性的問題：

(1) 法庭將《公安條例》的英文文本視為定本，而完全無視其中文文本，這種方法有沒有根本性缺陷？

(2) 這種過分冗長的判決，迴避了裁判法院中被告面對的實際指控，能夠達成目的嗎？

「公眾安全」有何含義？

終審法院以這種方式介紹其（多數派）判決：

> 該上訴關注的是對香港法例第 245 章《公安條例》中規制公眾遊行的制定法條款的憲制性質疑。質疑的焦點在於這樣的爭議，即「該法授予警務處處長（the Commissioner of Police）基於「公眾秩序」（"public order"）目的限制和平集會權利的自由裁量權太過寬泛和不確定，無法滿足合憲性的要求。

這就立刻提出了對《公安條例》英文文本的解釋問題，特別是出現於該條例第 14、15 條的「公眾安全」字眼。該條例的「總結」（wrap up）條款（第 6 條）採用了這樣的語句：

> 警務處處長如合理地認為，為維護國家安全（national security）或公眾安全（public safety）、公眾秩序（public order/ordre public）或保護他人的權利和自由而有需要，可

按其認為合適的方式，對所有公眾聚集的進行作出管制及指示，並指明公眾遊行可行經的路線及可進行的時間。

該條款中的四個英文字 "public order/ordre public" 是非同尋常的。它們來自中國也是簽約國的《公民權利和政治權利國際公約》(International Covenant on Civil and Political Rights, ICCPR)。如前所述，它們在 1991 年以《香港人權法案條例》第 17 條的形式，首次於香港制定法中出現。

當立法會於 1997 年開始修訂《公安條例》時，它嚴格遵循了《香港人權法案條例》第 17 條的措辭。

時任高等法院首席法官馬道立在後面提及的判決書（第 50 段）中，引述過一名加拿大法官的說法：「如果不是完全沒有的話，絕對精確的法律也是極少存在的。問題在於立法機構是否提供了足夠明確的標準可供司法機構在裁判時予以遵循……」

這一陳述對於像《公民權利和政治權利國際公約》這樣的國際文件而言特別適合。基於國際文件的特定性質，其用語必然不準確，因為其作用就是要涵括不同簽署國的價值和規範，而各國有着使用不同語言表達的不同法律系統。中國政府簽署的《公民權利和政治權利國際公約》文本，無疑是以中文書寫的。

《公民權利和政治權利國際公約》一經吸納轉化為一部香港條例，就成了香港本地法，並受制於普通法的解釋規則。這些普通法解釋規則旨在闡明法律，而不是混淆法律。

在立憲政府架構下，司法機構和立法機構是平等的夥伴。它們通常而言應當和諧相處：當一部制定法付諸實施後，法庭不應當像校長批改小學生試卷一樣，對法律文本橫加責難。

解釋法律中的困難是一個普遍現象；立法機構必須不時運用普遍性用語，它也不可能預見在法律制定時出現的每種可能想像得到的情況。法院的職責並非要在制定法的語詞上故弄玄虛，而是運用常理，盡其所能按照制定法背後的立法意圖及精神，賦予法律以效力。

相悖而行的話，實際上就是在將司法機構置於立法機構的對立面。如前所述，香港今時的制定法是以中文形式的立法過程通過的；當一個運用英語的裁判法院對這些制定法條款進行解釋時，總會存在扭曲立法原意的可能性。

終審法院在其判決的第 70 段指出：「……［"ordre public"］這個概念是不準確和難以捉摸的。其超出法律與秩序（law and order）意義上的公眾秩序邊界的有關內涵難以清晰界定……它並不是一個絕對或準確的概念，不能被化約為一個死板的公式，而只能是時間、地點和環境的一個因變量（function）。」

所言甚是。某個制定法條款在某程度上總是表現為時間、地點和環境的一個因變量。取決於法官所發現的實際案件事實——而不是某些想像的劇情——法官必須決定那些事實是否符合制定法的語詞規範。這是法院一般的日常工作。

化約主義的實踐

然而，終審法院在梁國雄案中並未遵循這一廣泛的常識路徑，而是採用了一種化約主義的實踐。該法院將 "public order / ordre public" 這個語詞撕成兩半：法院宣稱 "public order" 是沒有問題的；每個人都知道它的含義；但 "ordre public" 是甚麼呢？

法院援引了錫拉庫扎原則（Siracusa Principles），在判決書第 71 段寫道：

> 總之，public order/ordre public 可以被理解為限制某些特定權利和自由的一個基礎，該種限制是在前面提及的其他條件具備時，根據為集體利益所必要的公共機構充分運轉的條件而作出。一個社會被認為是合乎公眾秩序（ordre public）的適當狀態示例包括：關於和平、良好秩序與安全的方案；公共健康；審美與道德的考量；以及經濟秩序（如消費者保障等）。然而，必須謹記，無論是在民法法系還是普通法法系，使用這一概念表明了法庭是可用的，而且能在清楚認識關於社會組織化的基本需求以及其文明價值觀之下，正確運轉以監管和解決其張力。

從那兩個語詞中竟衍生出了那麼多模糊不清的概念！所有新概念都是在真空中杜撰出來的，因為從未有人提及梁國雄案與以上的公共健康、美學、道德考量以及經濟秩序等有任何關係。

終審法院繼續寫道（判決書第 73 段）：

> 一個憲法規範通常且有意地以相對抽象的術語來表達。當該憲法規範必須被本案接受時，挑戰該憲法規範以及 "public order/ordre public" 這個概念就沒甚麼問題。

這樣的邏輯表面看來似乎也可行。但終審法院繼續指出，在制定法層面，"ordre public" 太過含混不清。那麼怎麼辦呢？

終審法院提出，補救方案就在於將惹麻煩的 "ordre public" 從制定法的完整表述中「切割」出來，而在這一「切割」條件下，「在切割部分不具有合憲效力之後，剩餘部分的合憲效力繼續得以維持。」（判決書第 83 段）

然而，無論這一哲學化的過程多麼深思熟慮，正當制定的法律語詞不能因司法的魔法棒舞動而消失：特別是當這一概念來自諸如《公民權利和政治權利國際公約》這樣的國際法律文件時。

在以上總結的闡述行為過程中，終審法院完全忽視了下級法院的上訴法官楊振權提出的見解：《公安條例》中文文本中關於 "public order/ordre public" 的表達是一個複合詞。它不可能割裂理解。在普通話中，沒有插入聲調，直接就是 "gong gong zhi xu"（公共秩序）。

因此，為甚麼不採用這一表達的直接含義，即使帶有其不完美性，並使其效力在實際案例出現（而相關語詞的含義將決定被控嫌疑人有罪與否）時加以檢驗呢？

終審法院的判決取得了甚麼成就呢？它闡明了有關遊行的法律了嗎？抑或為公眾或警方澄清了甚麼呢？

該案判決書第 27 段聲稱，為了通過法庭自身設置的合憲性測試，一個限制基本自由的制定法條款「必須以充分地明確的方式表述，使市民能夠約束自己的行為。」

這一判決完全無法使公民理解。法庭自己通過了測試嗎？

答案可在政府網站上找到：

http://legalref.judiciary.hk/lrs/common/ju/ju_frame.
jsp?DIS=90445。

讀者在那裏可以找到梁國雄案的中文判決譯文。那是完全沒有意義的判決。終審法院的這一判決不可能合理地被翻譯成中文。

法律的合目的性

如前所述，在裁判法院針對被告的指控是依據《公安條例》第 13 條（以及作為量刑條款的第 17 條）：他們組織和參與了一場未經事先通知警方的公眾遊行和示威活動。從始至終，他們的所作所為都是已承認的事實。

實際上，終審程序中的第一上訴人指控，即使《公安條例》的事先通知制度不可挑戰，但問題僅僅在於，**法庭**是否超越警方的權威主體！

接着就是各級法庭（從裁判法院到高院上訴庭再到終審法院）的整個論辯完全學術化：假如（一個大大的「假如」）被告曾依據《公安條例》第 13 條之規定事先通知警方，那麼他們就會受制於警方依據《公安條例》第 13A、14 和 15 條所設置的條件和限制。

無論如何評論這些條款，以及它們是否適配《基本法》第 27 條和《香港人權法案》第 17 條設定的規範，只要談及針對被告的這一指控，所謂《基本法》與《香港人權法案條例》的有關條款與本案根本就是無關的。

這也是資深大律師麥高義（McCoy SC）向高院上訴庭提出的一種觀點。他陳述得很簡潔：《公安條例》第 14、15 條是無關的條款，因為這些條款中的限制條件並不涉及本案爭議。這一觀點被高等法院首席法官駁回，他聲稱本案上訴人的反對意見在於「**一旦向警方發出通知**，遊行就會受制於法定的有關條件和限制」。資深大律師麥高義的觀點切中要害：被告並未提出任何通知；法庭的整個討論都只是學術性的，不能在邏輯上與本案上訴人所受的指控聯繫起來。這位首席法官似乎沒有意識到本案狀況的諷刺性，他在判決書第 43 段加了這麼一句：「一般來說，本案上訴人對《公安條例》通知制度的反對意見在向警務處處長提交某次擬議的公眾遊行之通知時並不具有指導性。」

依靠想像的情況來裁決案件衍生出自身的危害，導致荒謬的結論。在<u>梁國雄案</u>中，假設被告事先提出遊行通知條件下警

方會怎麼做，完全是想像出來的情況。

看一下上訴庭法官司徒敬（Stock JA）（判決書第 89 段）的說法：

> 我誇張一點問道，一名督察獲得授權在特定情況下禁止一場遊行或者施加限制條件，他在面對待審查的遊行通知時，會怎麼樣自言自語：「我也許會這樣做」，他會準確地說，「如果我遵守了這些法條【《公安條例》第 14、15 條】設定的不準確且難以捉摸的規範指引，請告訴我當公眾福祉如此要求時我會這樣做」，那就是他會給出的答案，無論是他自己研究（research）的結果，還是法律建議（legal advice）帶來的有益方案。

在這一段中，該法官完全無視本案現實。當一名督察獲得遊行的事先通知時，他就必須在嚴格的法定期限內完成審查。他的心智所聚焦的不是甚麼「研究」或「法律建議」，而是人潮控制、引發暴力的可能性、交通危害、對其他人造成的不便；他會設想交通改道的需求、設置路障、向交通營運商發出警告，以及在遊行沿線加派警力，等等。關於督察將會「研究」或尋求法律建議的觀念，完全是不切實際的。

就像大律師麥高義前面提到的那樣，這裏存在着法庭方法上的缺陷。法庭被嫌疑人一方的大律師要求進行一種純粹的學術探討。終審法院支持高院上訴庭的判決，完全無視大律師麥高義提出的觀點。

在判決書的第 11 段，法庭向上訴程序中的所有大律師致
謝，感謝他們的「慷慨協助」。這反映了法庭司法盲目性的一
個面向。事實上，香港最高層級的法庭已被大律師誤導到了
不相關的分析路徑上，被鼓動去解決幻影式的議題（phantom
issues），從而喪失了其主要的目的。法庭為甚麼不去考慮作為
政府行政分支必須的有效性和透明度呢？難道這些不也是對法
庭自身的要求嗎？

相信很難逃避這樣的結論：法庭通過過度迎合大律師的觀
點，已經喪失了其真正司法獨立的一部分。

合目的性：剛果民主共和國案

另一個例證是終審法院裁決的剛果民主共和國案 [*FACV5,
6 and 7/2010, 8/6/2011*]。

該案事實一目了然。1980 年代，許多中國國有企業在剛
果承擔了大規模基礎設施建設項目。在涉及這些項目的糾紛之
中，一則標的超過 3,000 萬美元的仲裁裁決書發佈，剛果政府
是被告，每天的債務利息高達 24,500 美元。2008 年 5 月，這
一項債務總額攀升至 1 億美元以上。一家美國公司 FG 半球集
團（FG Hemisphere）買下了這一債權並尋求在香港執行針對剛
果共和國的相關仲裁裁決。因為該訴求將會遭遇絕對國家豁免
（absolute state immunity）的抗辯，故不能在剛果本國尋求執行。

核心的問題在於：絕對豁免適用於香港法院嗎？抑或適用

有限豁免（restrictive immunity）？

在涉及商業活動時，世界上有許多國家適用有限豁免；國家不能再要求絕對豁免，且可能被訴至法庭。

當然，香港不是一個國家。它是由《基本法》規制的一個中國行政區域。毫無疑問，中央政府在此問題上有其立場：絕對豁免。中國對所有其他國家主張絕對豁免，同時也奉行國家的相互豁免。因此問題產生了：在《基本法》下，中國的一個行政區的法庭，能否奉行不同於所在主權國家的豁免原則？

終審法院以 3:2 的多數裁決，給出了否定回答。它贊成在香港法庭適用絕對豁免。

本章無意探討終審法院具體結論的優點。本章尋求引起關注的是這個事實：該案判決書長達 195 頁。判決書囊括了幾乎所有英語國家相關作者在廣泛議題上的海量評論意見：司法獨立、政府承認（事實承認和法律承認）、國家豁免（絕對豁免和有限豁免）。法庭引用了 200 多年以來的各種國家豁免案例，包括美國及其他地方的，卻沒有一個案例與香港特別行政區所適用的「一國兩制」原則具有等價性。遍覽此類，這些引述構成了研究和學術的豐富線索，或許可以為英語世界的所有律師共同研習。

不過，問題在於，這樣的引述可以是無窮無盡的。為甚麼一定要將評論的作者的範圍限制在英語世界呢？東亞的日本和西歐的葡萄牙都是民主國家，二者之間還有其他大量國家：為

甚麼不從這些國家中尋找案例和評論呢？「專家數量」的滋長不能絲毫增強某個觀點之有效性。這樣做只會增加判決的長度和混淆度而已。

然而，終審法院似乎對此並不敏感，也未注意到判決分明涉及中央政府，需要被理解的話必須翻譯成中文。

這就提出了另一個問題：需要耗費幾多百個小時來完成這項繁重的翻譯任務呢？在司法系統引入具有深厚中文根底的法官本來就有必要，因為這項重大任務不能簡單交給法庭翻譯人員去完成。終審法院有考慮過這個問題嗎？

更為根本的問題在於：在整個司法過程中，法官的角色到底是甚麼？到底是以一種盡可能簡短、清晰且準確的方式解決真實問題，還是醉心於司法詭辯術？法官是在法庭裏履行職務還是在課堂裏進行宣教？此外，在香港的人口結構中，當法官以英文頒下判決時，他們有沒有責任以一種易於翻譯成中文的方式撰寫判決？

在林少寶訴警務處處長（*Lam Siu Po v Commissioner of Police [2009] 12 HKCFAR 237*）一案中，終審法院宣稱警察紀律聽證會必須是「公平的」，且「……每一個公平程序的內在特徵是效率和速度」。這是法庭對政府行政分支提出的公平標準。法庭自身能否滿足這一標準呢？

在資裕發展有限公司訴城市規劃委員會（*Capital Rich Development Ltd. v Town Planning Board*）一案中，上訴法官司

徒敬在談及「有效公眾管治」時指出：「在公眾管治中，透明要比不透明更能促進公眾信任。」難道法庭沒有考慮過自己也是公眾管治機構的一部分嗎？

我們常聽到這樣的訴求：法庭必須「公平」對待大律師所代理的訴訟雙方；當大律師提出一種觀點或引用一個案例時，「公平」要求他的陳述被人聽取。在某種意義上，這是對的。但這並不意味着法庭必須犧牲獨立判斷，沉默不語地聆聽每一個不相關的引述案例，如同拳擊比賽中記分一樣，將獎賞頒給得分最高的大律師。

當法庭竭力宣稱自己作為更廣泛法理學世界之一部分，並熱衷於證明自己與其他國家一樣熱心保護人權時，這到底是在展現真正的司法獨立，還是沒能力（或不情願）接受香港在普通法世界的獨有地位？

法庭在所謂的司法詭辯之上和之外有其獨立的角色。它應以一種有效和透明的方式主持正義，排除混淆性和不相關性，並基於真實的議題作出裁判。這才是真正司法獨立之實踐。

本章將提供進一步的案例分析，證明法庭如何喪失司法獨立之根本立足點。

潘蓮花系列案

潘蓮花是一名法輪功組織的積極分子。她捲入了兩宗案件：(1) 司法覆核案，她申請啟動司法覆核程序，針對食物環

境衛生署署長的行為 [*HCAL 73/2013*]；(2) 刑事檢控案，一宗在裁判法院審理的案件 [*ESCC 2783/2013*]，她是案中被告。

兩宗案件均涉及到法輪功分子非法使用政府土地，他們在所謂的「靜態示威」過程中，未經申請許可而在公共道路的圍欄及港鐵牆壁等處展示海報和其他宣傳物品。

政府對政府土地的控制

「市容」是一種有價值的社會公眾資源。一個城市的街區景觀定義了它的形象和性格。它是公民日常生活的背景。

根據香港法例第 132 章《公共衛生及市政條例》(Public Health and Municipal Services) 的規定，關於在政府土地上展示招貼、標語和其他宣傳物品的控制權被授予給食物環境衛生署署長。

該條例第 104A(1)(b) 條規定：未經署長的書面許可，任何海報或招貼不得展示或黏貼於政府土地上。這裏的用語「海報或招貼」屬於廣義。

該條例第 104C(1) 條授權署長移除未申請許可或申請後未獲得許可條件下展示的相關招貼。

該條例第 104A(2) 條將違反第 104A(1)(b) 條的行為規定為一項刑事罪行。

相信很難存在比這條例更易理解或操作的立法了。

引發潘蓮花兩宗案的有關事件

許多年來，法輪功分子在政府土地上展示招貼和宣傳物品，進行所謂的「靜態示威」，食物環境衛生署署長未加處置。

事情在 2012 年年中出現變化，那時署長開始收到公眾有關法輪功在其「靜態示威」地點展示宣傳物品的投訴。進而，一個名為香港青年關愛協會（Hong Kong Youth Care Association）的組織發起了對抗性的示威，展示他們自己的招貼與橫幅。雙方在示威活動的某些場所發生了衝突。

署長最終覺得有必要採取行動，發出了要求移除相關招貼及其他展示物的警告信。

香港青年關愛協會遵守規定。但法輪功卻沒有遵守。後者回應他們的成員有權作出展示：他們聲稱擁有一種示威、集會和言論的自由權利，無需得到任何人的批准。署長遂開始清場行動。

這就導致了一項司法申請，要求啟動針對署長行為的司法覆核。

高等法院的司法申請：*HCAL 73/2013*

潘蓮花的司法申請尋求解決的核心問題是：《公共衛生及市政條例》第 104A(1)(b) 條屬於「違憲」，因為它抵觸了《基本

法》和《香港人權法案條例》中保障示威、集會和言論自由的
有關條款。

這是毫無意義的抗辯。該條款授權食物環境衛生署署長
管控在政府土地上的物品展示。這一立法的目的是為了保護市
容。法輪功分子可以在「靜態示威」時自由展示招貼與橫幅，
只是不能在政府土地上展示。明顯地，《基本法》和《香港人權
法案條例》在此並不能扯上關係。

根據《高等法院規則》第 53 號命令，這一申請應當通過
單方（ex parte）聆訊形式處理，法官在議事廳聽取了申請人法
律代表的意見，沒有繼續聽取答辯人的意見，直接駁回了該申
請，因法律的自律性的要求行事。根據《高等法院規則》，這類
申請的處理是一種篩選程序。整全的理念在於，法官對整個事
務負上全責。如果申請人沒有要求被聆訊，該申請可以書面形
式獲得批准或被駁回。

不同的是，潘兆初法官（Poon J）實踐了一種他所謂的「卷
式」（rolled up）聆訊。他聽取了雙方資深大律師的全部觀點，
醉心於兩天後各自提交的進一步書面材料，最終在 2014 年 10
月 15 日頒下他所謂的「判決」，駁回申請。這裏的「判決」是
一種錯誤用語。它沒有裁決任何事務。它僅僅決定了大律師提
交的觀點中無一可供辯論。這就耗費了該法官用長達 60 頁的
篇幅來說明。

這到底是實踐真正司法獨立，還是法官迎合大律師的論點
的論點？

這位申請人由兩位大律師及一家事務律師的律師行代理，並獲法律援助基金全資贊助。這是對公眾資源的一種驚人浪費。

然而，這種浪費和濫權的故事還在繼續發生，同樣牽涉同一個法輪功分子潘蓮花。

香港特別行政區訴潘蓮花 [*ESCC 2783/2013*]

2013 年 5 月，一張海報貼到了行政長官辦公室的外牆上。食物環境衛生署的一名官員試圖移除這一海報。作為張貼行為的一個法律後果，潘蓮花被傳喚到裁判法院，面臨兩項指控：

(1) 阻礙公共官員履行職責，觸犯了香港法例第 228 章《簡易程序治罪條例》(Summary Offences Ordinance) 第 23 條。

(2) 未經批准在政府土地上展示海報，觸犯了香港法例第 132 章《公共衛生及市政條例》第 104A(1)(b) 條。

顯然，這只是裁判法院處理的一件簡單執法案件：法庭承擔簡易程序的管轄，享有受限制的審判權力。不過該案已拖延了五年多，還看不到盡頭。

如果那位裁判官按照香港法例第 227 章《裁判官條例》(Magistrates' Ordinance) 的要求履行其職責，該案半天便可以結案。

實際上，以上所發生的一切展示法律的自律性被腐蝕後，

將如何影響法律系統，而高級別法院卻縱容這一切。

　　規管裁判官管轄權的制定法十分清晰。當一宗檢控案件訴至裁判官面前時，《裁判官條例》第 19 條要求他聆訊證據，決定有關簡易程序中的事務，並基於所發現的事實，裁決被告是否有罪。這就是《裁判官條例》第 19 條規定的「整件事項」。它定義了裁判官的管轄權。

　　不過，這位裁判官並不是去處理所面對的指控，反而着手處理他所謂的由指控引發的兩個「預備性法律問題」（"preliminary questions of law"）。

　　在他提供關於《公共衛生及市政條例》第 104A(1) 條之「裁決」（ruling）時，他面臨着潘兆初法官在司法覆核案中已作出的司法決定。我們回顧一下，潘法官認為對《公共衛生及市政條例》第 104A(1) 條的憲制性質疑是不可爭辯的，從而拒絕批准司法覆核申請。

　　這位裁判官的兩個「預備性法律問題」包括：

(1) 第 104A(1) 條（「許可」條款）有否抵觸《基本法》和《香港人權法案條例》所保障的集會、言論與示威自由的相關條款？

(2) 第 104C(1) 條（「移除」條款）有否抵觸《基本法》和《香港人權法案條例》的相關條款？

　　2015 年 1 月 30 日，裁判官頒下了針對以上兩個問題的裁決。他認為：

(a) 第 104C(1) 條（「移除」條款）並不抵觸《基本法》和《香港人權法案條例》，因此有關阻礙執法的指控可以繼續審理，但是

(b) 第 104A(1) 條（「許可」條款）抵觸了《基本法》和《香港人權法案條例》所保障的言論、集會和示威自由，因為該條款未能滿足《基本法》上的「依據法律規定」的要求以及憲制法理學所設定的「比例原則」測試，從而構成「違憲」：儘管如此，但潘法官已經根據其司法知識拒絕啟動針對第 104A(1) 條憲制性質疑的司法覆核程序。

裁判官稱之為他的「裁決」。不過，實際上這已經是關於第 104A(1) 條合憲性的宣告判決，所影響的不僅僅是他所面對的被告，更是每一個香港人：對於履行有限管轄權的刑事法庭而言，這是一個驚人的司法作為。

因此，一宗在簡易程序管轄下的法庭處理的執法案件，就演變成了一宗主要的憲法案件。

律政司司長的刑事上訴

毫不奇怪，律政司司長要求裁判官以上訴至高等法院為目的，啟動一個案件程序。該案件最終由裁判官啟動，提出了兩個問題：

問題 1：是否允許被告通過第 104A(1) 條下的刑事檢控
辯護方式對該條款提出憲制性質疑，以及這一
質疑是否相當於對食物環境衛生署署長就政
府土地上展示行為的許可權力提出的「並行」
（collateral）質疑？

問題 2：第 104A(1) 條能否基於抵觸《基本法》和《香港
人權法案條例》而被宣告違憲？

「許可權力」

問題 1 中關注署長的「許可權力」成為了一個主要的分歧
點，顯示了這些刑事司法程序已遠遠偏離真實議題，並滑向了
純粹詭辯的境地。

關於署長如何行使第 104A(1) 條之裁量權力的問題，有公
開的行政指引。這些指引從 1980 年代後期的事件中產生，當
時的政治團體和選舉候選人開始在顯眼處張貼標語以宣傳參選
目標。這導致了衝突，特別是適合張貼這些標語的場所極為有
限。在缺乏監管之下，這種行為引起了混亂。

隨着時間發展並經過眾多的公眾諮詢後，劃出了一些適
合張貼標語的區域，也制定了相關指引，以限制這些政治標識
的尺寸和展示時間。這些指引廣為人知，被稱為「管理規程」
（Management Scheme）。這些指引由香港地政總署負責管理。
該規程適用於供立法會議員、區議會及其所屬委員會的成員、
政府部門成員以及非營利組織成員展示標語的指定地點。

立法會、區議會成員及政府部門擁有優先使用權，以推動相關事宜與活動。指定的地點位於道路兩側。

但是，以上的權利不可能適用於潘蓮花案，因為她或法輪功都未曾基於上述規程或在規程之外申請過許可。因此「許可條款」與她面臨的刑事指控完全無關。所以，訴至上訴庭要求裁決的第一個問題，純粹是一個關於幻影式議題的學術遊戲。

律政司司長刑事上訴的結果

律政司司長針對裁判官判決的上訴由周家明法官（Chow J）審理，後者於 2017 年 8 月 11 日頒下判決。該法官頗有保留地說：「導致裁判官拒絕遵循潘兆初法官判決的司法推理表述不清，難以遵循。」

正常人會自然設想，周法官以下應當運用幾句話肯定檢控官的上訴，並將案件發回裁判法院，指示後者就兩個刑事指控作出裁決，不得再拖延，畢竟行政長官辦公室外牆上的這件事情已發生超過四年了。但法官並未有這樣做。

周法官認為，裁判官並無充分證據證明**署長的自由裁量權**（是否許可申請人展示標語）到底如何行使，從而無法回答上訴中的第一個問題。因此，第 104A(1) 條的合憲性問題在相關刑事程序中仍然存在，有待進一步辯論。周法官將案件發送給另一個裁判法院重新進行審理。他對此提供了指示性的評論：

新的裁判官的裁決理應暫時擱置，以等待司法覆核程序的最終結果。

然而，在潘蓮花從未申請啟動有關自由裁量權的行使時，署長在第 104A(1) 條下如何自由裁量的證據，到底與針對潘蓮花的指控（在行政長官辦公室外牆張貼一張宣傳標語）之間有甚麼關聯呢？

該故事的另一轉折處再次證明了法律的鋒芒如何被削弱，以及今日在法庭上詭辯如何取代了常識。

就此，我們需要追溯那宗司法覆核案件，其中潘法官駁回了潘蓮花的司法覆核申請，聲稱相關理由均不成立。

不過，仍繼續獲得法律援助的潘蓮花沒被嚇倒，決定訴至高等法院上訴庭。

故事的轉折

先回顧一下，管理規程將道路旁的標語展示限定於指定地點。立法會議員、區議會議員和政府部門獲得優先使用權，而非營利組織需申請許可。來自個人的申請將不會受理。

該規程反映了政府的政策。它基於整個社會利益來保護「市容」。它經過了長時間演化以及眾多的公眾諮詢。它考慮了與香港生活質量有關的大量因素，包括道路安全。法庭對該政策的優點或其他方面均沒有甚麼發言權。

在潘蓮花系列案中，食物環境衛生署署長如何行使其基於管理規程的自由裁量權實與該案無關。管理規程本身也與潘蓮花系列案件無關，因為無論是法輪功組織還是潘蓮花本人均未基於管理規程或其他依據提出過許可申請。

不過，根據高等法院上訴庭的意見，法官顯然不是這樣看的。

潘蓮花的民事上訴

上訴庭的判決編號為 *[2016]3 HKLRD 412*。法庭同意潘兆初法官的判決，即申請理由不具有法律上的可辯性。

那麼，故事結束了嗎？

並非如此。令人驚奇的是，法庭竟准許對原初的申請（基於《高等法院規則》第 86 號表格）進行**修正**，一個新的辯論隨即展開。

法庭認為，由大律師提出關於第 104A 條合憲性的兩個新挑戰理由「具有合理的可辯性」，因為：

(1)《公共衛生及市政條例》本身沒有提供關於許可或不許可之權力行使的任何「指引」（guidance）；

(2)「比例原則測試」可適用於《管理規程》下的**批准程序**或規程外的其他情況。

由此可見，這裏就是上訴庭為律師創造可供辯論的幻影式議題之處。

　　假如食物環境衛生署署長行使自由裁量權是本案的議題，而假如（一個大大的「假如」）大律師仰賴的《基本法》和《香港人權法案條例》條款在起初已被引用，以上提及的「指引」和「比例原則測試」就是有關的。上訴庭似乎對此毫無知覺。進而，上訴庭內心的質詢實際上與本案議題毫不相關。

　　上訴庭指令司法覆核申請發回原訟庭重新考慮，並限制新的挑戰理由。

　　鑒於司法覆核程序中這種令心智沉淪的結果，我們對周法官在刑事案件中的意見就不會感到奇怪：關於署長如何基於第104A(1) 條行使自由裁量權的問題，不存在充分證據，從而將案件發送給新的裁判法院處理。

終審法院

　　上訴庭的判決被訴至上訴委員會（Appeal Committee），基於上訴人潘蓮花的申請仍獲得法律援助。該委員會擱置了申請，等待高院原訟庭法官根據上訴庭指示就相關問題作出裁決。上訴委員會似乎認為，法官合理考量上訴人提出的司法覆核的新理由，需要引入新證據。

關於刑事檢控

根據周法官的意見（基於檢控官的建議），可以確定的是，裁判官的裁決程序將被擱置，而司法覆核在高院原訟庭重新啟動，並通過司法等級制曲折地前行，當然所有耗費由法律援助基金埋單。

這宗刑事案件起因於 2013 年 5 月行政長官辦公室外牆被張貼海報。如今香港已有新的行政長官。在新的行政長官任期屆滿之前，這個刑事司法程序會結束嗎？沒有誰敢打賭。

政策考量

當法律於制定法典中出現時，就會存在一種強而有力的效力推定。無論是否意識到法律的存在，日出日落，各行各業的人在他們的個人生活中，都依賴法律來保護其安全和幸福，並規制相關事務。

香港的七個裁判法院處理着成千上萬與這些法律有關的執法案件。如果在這些案件中可以輕易提起「合憲性」辯護且要求裁判官加以處理，法庭的日常運作很快就會陷入停滯狀態。一個城市根本不需要恐怖分子來使其民政管治屈服。潘蓮花案就是發人深省的案例。

高院上訴庭聲稱對第 104A(1) 條的「新挑戰」具有「可辯性」，故基於理論狀況的辯論，如今將會在法庭上拉鋸數年。

這樣的辯論到底為甚麼目的服務呢？對社會而言，甚麼更為重要：是有效的法律執行還是法律枝節的理論推演？潘蓮花系列案已經浪費了多少裁決時間？還將要浪費多少時間？

要仔細檢視香港裁判法院的管轄權，並追蹤它怎樣開始承擔起憲法法院的職能，實在超出了本章的研究範圍。這似乎是近來的現象，它們受到一系列由高級法院裁判、欠缺審慎思考之案例的鼓動，法官在那些案例中一次又一次地過度迎合大律師的觀點，忘掉了法庭真正的憲法角色：在真正司法獨立上作出了妥協。

上訴庭錯失的機會

事實上，高院上訴庭曾有大量機會處理裁判法院的管轄權問題，並將其導向正確的軌道。

以律政司司長訴海洋科技公司等（*HCMA 173/2008, 12/12/ 2008*）一案為例，該案涉及無線電頻譜的使用：這是由國際電信聯盟（International Telecommunication Union, ITU）嚴格控制的有限資源。國際電信聯盟將部分頻譜分配給成員國，而中國又相應地將部分頻譜份額分配給香港特別行政區。香港的頻譜有多個使用者，包括警方、消防與急救服務、民航部門，等等。

在香港，這些事項由香港法例第 106 章《電訊條例》（Telecommunication Ordinance）規管。相關條文規定如下：

第 8 條：「除非基於並根據行政長官會同行政會議頒發的牌照（license）⋯⋯任何人不得：

(a) 建立或維持任何的通訊方式；或

(b) 擁有或使用任何的無線電通訊設備⋯⋯」

第 20 條規定，任何人違反第 8 條即構成刑事罪行，將受到實質性的罰款和監禁的處罰。

這又是一部易於理解和簡單易行的立法。

在不同日子裏，被告在不同地點設置了信號傳輸系統，運營着他們所謂的公民電台（Citizens Radio），以 FM 頻率進行傳播。他們這樣做，沒有獲得任何牌照。

當他們被根據條例第 8 條訴至裁判法院時，有關事實的部分毫無爭議可言。有罪的證據是壓倒性的。裁判官宣判被告無罪，理由是由該條例授予行政長官會同行政會議的權力是不受限制的，從而抵觸了《基本法》和《香港人權法案條例》。

這實在荒唐至極。檢控的全部爭議點只是被告沒持有合法牌照。該案並不涉及行政長官行使否決牌照申請的權力問題。

律政司司長對裁判法院的判決提出上訴。該案本來是依據《裁判官條例》由一名法官獨立審判的。任何看過文件的人本應確信法官會同意上訴的訴訟請求；然而事實並非如此。有關事項不得不轉給高院上訴庭處理。故裁判法院一宗關於法律執行的簡易案件，又就被膨脹為另一件轟動一時的著名訟案（*cause celebre*）。

違法行為在 2005 年 7 月到 2006 年 10 月之間發生。高院上訴庭於 2008 年 12 月頒下判決：距離首次違法行為發生時已三年有多。

上訴庭的判決長篇大論。在判決書第 63 段，司徒敬上訴法官說：

「我們被要求對引發爭議的有關權力進行擴展性的審查，即一名被告是否可以在針對一項刑事指控時，提出指向**依制定法權威所作決定**的辯護，或者他是否被委託在司法覆核程序中就該議題提出挑戰。」

這名法官心目中的「依制定法權威所作決定」到底是甚麼，難以揣測。它不可能是行政長官會同行政會議的決定，因為當被告非法從事其廣播事業時，行政長官沒有作出任何決定。

而法官所謂一名被告在一項刑事指控中通過「司法覆核程序」而「被委託提出一項辯護」，更是不知所云。

如果司徒敬法官是在本段中闡發裁判官的管轄權，很奇怪他沒有援引《裁判官條例》，儘管在其判決書中引述了許多關於地方附屬立法（by-laws）之權限的英國案例：那些案例與香港制定法授予的香港裁判官管轄權問題完全無關。如果他能夠稍加瀏覽《裁判官條例》，就會發現裁判官除了在相應案件中確定被告有罪之外，沒有其他管轄權。

律政司司長訴拉特卡爾（Latker）
[HCMA 521/2008; 29/1/2009]

這是另一個關於機會喪失的案例。

那是基於《道路交通條例》（Road Traffic Ordinance）第 63 條提起的一項簡易檢控。案件事實同樣一目了然。

2007 年 7 月，一輛汽車被電子攝影機拍到衝紅燈。警方隨後按程序向登記車主（被告）發出通知，要求其披露駕駛者的身份。被告沒有遵守通知的要求。他即被提出檢控。

被告出庭，在裁判官面前請求判決無罪。這項檢控證明：（1）執法通知已正常發出；（2）被告沒有遵守通知要求。

當被告在審判結尾被要求作最後陳述時，親自出庭、未聘請律師的他告知裁判官，這是一個原則問題，如果他同意按照要求提供駕駛者的資料，就會受到「公民的怯懦」（civil cowardice）的罪責。

裁判官聽後不是繼續尋求確證被告有罪，而是擱置審判程序。

三個月後，裁判官發佈了他的「裁定」（長達 53 頁），其中他認為《道路交通條例》第 63 條違反了《香港人權法案條例》第 11 條。他撤銷了對被告的傳喚。

律政司司長其後向一名高等法院法官提出上訴，後者再次

不加處理地轉介給高院上訴庭處理。故一宗簡易案件再次轉化成了一宗轟動一時的著名訟案。

高院上訴庭頒下了三份獨立判決。它們都很冗長，涵蓋了斯特拉斯堡歐洲人權法院的大量案例。

被告在上訴庭沒有聘請大律師作代表，而只有一名律師出庭作為**法庭之友**（*amicus curiae*）在法律問題上提供協助。每個人都同意裁判官出錯：《香港人權法案條例》第 11 條與本案完全無關。

但那位法庭之友提出了一個問題：《香港人權法案》第 10 條是否相關呢？

該條規定如下：「人人在法院或法庭之前，悉屬平等。任何人受刑事控告或因其權利義務涉訟須予判定時，應有權受獨立無私之法定管轄法庭公正公開審問。」

一項基於《道路交通條例》第 63 條而提出的常規檢控，到底如何違反《香港人權法案條例》第 10 條，這幾乎讓人無法理解。任何同類建議都應當被即時駁回。

但相反，高院上訴庭認為有必要對整個制定法系統加以檢視：第 63 條「在一個民主社會是必要的嗎？」它所追求的是正當合法的目的嗎？條例中的法定要求「合乎比例」嗎？給予登記車主的回覆時間（21 天）是否太短？為了反映香港的車輛超速衝紅燈的問題，有必要提供統計數據嗎？

這些問題應當在立法機構而不是在法庭上提出。

到底應如何塑造制定法系統以保護其他道路使用者，並不是司法機構的責任，後者沒有辦法衡量這些問題的價值。這些是政策的關注點，法庭不能加以合理評論或牽涉其中以作出判決。此舉是在侵佔立法機構的職能。

裁判官在 2008 年 5 月頒下他的「判決」。高院上訴庭最終於 2009 年 1 月底頒下判決，肯定了檢控方的上訴。上訴庭認為《道路交通條例》第 63 條既沒違反《香港人權法案條例》第 10 條，也沒違反第 11 條。

我很有興趣知道在以上訴訟程序期間，警方在遵循裁判官之判決時到底做了怎麼。他們有沒有擱置了基於第 63 條的所有執法通知？或者將裁判官的判決拋到一旁，無視其存在而繼續執法？

顯然，接到律政司司長上訴狀並決定轉介給上訴庭並因而導致進一步拖延的那個高等法院法官，根本沒有想過警方在面臨遵循裁判官判決時的兩難：這展示了一種主權性的冷漠，儼如司法機構完全是在自己領地裏運作。

同樣令人惱火的是，高院上訴庭的法官也沒有考慮到該案最初是怎樣到達他們面前的；以及在裁判法院的一宗常規和簡易的刑事檢控中，案件爭議怎樣滑向所謂的「憲法」領域。

這種案件正是英國樞密院在 *Attorney General v Lee Kwong*

Kut 案中作出警告的類型：「涉及《香港人權法案條例》的問題必須以現實主義和良好常識加以處理。如果做不到，該條例就會成為不義而非正義的來源，並會在公眾眼中嚴重貶值。」

提出遵循《香港人權法案條例》第 10 條作為本案的議題是完全荒謬的。上訴庭認為有義務加以處理第 10 條，是否因為法庭之友提出了它嗎？而無視裁判官管轄權問題是因為法庭之友沒有提出它嗎？果真如此，則不過反射了香港真正司法獨立之貧乏。

從這些案件中得出哪些結論？

明顯地，執法系統已瀕臨崩潰。尤以關於司法獨立而言，我們能夠得出甚麼結論呢？

2014 年國務院發佈的一份白皮書引發了一些律師組織了一次靜默抗議遊行。大律師公會發表聲明，指出北京錯誤地將法官歸入「管治者」（administrators）行列。在白皮書中，國務院聲稱法官「肩負正確理解和實施《基本法》的責任」。

這難道不是在提醒法官，他們是香港特區政府架構中的一部分；在履行其職責時，他們應當聚焦於困擾社會的真實議題，且不要沉溺於律師提出的那些令人費解的法律觀點嗎？換言之，法庭不是應當與其他兩個政府分支一起共同「執行」法律，並且法官在此意義上成了「管治者」嗎？

如果這就是白皮書試圖傳達的信息，那完全是適當的。

大律師公會認為白皮書是對香港司法獨立的一種攻擊。如果說這種立場聲明屬於溫和與及時的評論意見，則還是沒有達到，而香港大律師的繁冗文化與理論上的不相關傾向應作出改變。相比其他人，大律師對此類問題更要有一種開放心智。

繫上法律之結

《基本法》第 48(2) 條規定，行政長官負責執行香港的法律，同時必須對中央人民政府負責：《基本法》第 43(2) 條。

在上述的案例中，行政長官在四個領域的法律執行上遭到了嚴重阻礙，包括：對公眾遊行的控制、對市容的保護、對無線電頻譜的規管以及對道路安全的保障。

在上述第二個案例中，行政長官基本上不能執行法律，甚至在很多年後也無法執行法律。這意味着直到潘蓮花系列案最終被解決，沒有人會基於《公共衛生及市政條例》第 104A(1)條而被檢控。由於法庭缺乏自律性，人們（包括法輪功組織的分子）可以不受懲罰地在政府土地上任意張貼不限尺寸的海報、傳單、標語。法輪功分子已經取得了他們通過正當程序無法達成的目標。在裁判法院提出檢控的期限是六個月，而他們在面臨檢控風險時往往已過了好多年。

在其他三個案例中，法律執行被嚴重拖延。納稅人的大量

金錢被浪費在法庭曠日持久的詭辯上。累積的「脂肪」已經阻塞了司法機構的重要器官，導致法庭無法處理裁判法院的職能失靈，後者承擔了它們從未合法擁有過的憲法案件管轄權。

傅雅德法官（Fuad V-P）許多年前在一個稍為不同的場合曾明智地指出：

> 我有必要作出觀察，如果法庭承擔了並未由制定法授予的管轄權，法治（基本權利和自由保護的最終依靠）將變得毫無意義。（參見 *Re Sin Ho [1992] 1 HKLR 408*）

假如行政長官找來終審法院首席大法官並指出：「看，我已經不能履行實施法律的憲制責任了。我建議你採取措施糾正這個狀況。」這是否等於干預司法獨立？

如果司法機構認為「司法獨立」被提升至如此高的地位，以至凌駕政府的其他機構，而它在自己的領域裏是獨大的，與整個社會的真實問題脫節，只有在此條件下才存在干預司法以糾偏；而並不是司法機構本身阻礙了正當執行法律。

後記

高等法院一名法官現正處理潘蓮花的司法覆核申請，限於前面提及的兩個已被高院上訴庭在判決中確認具有「可辯性」的法律問題：參見 *HCAL 73/2013* 及 *HCAL 110/2013*，林雲浩

法官，31/8/2018。該判決載有大量註釋的腳註，長達 45 頁。判決書整篇盡是在討論抽象的規範和原則，引述了歐洲及其他國家的案例，與香港的城市環境完全無關。即使對香港教育水平最高的人而言，這份判決書也是無法理解的。

該法官推翻了《公共衛生及市政條例》第 104(1)(b) 條，宣佈其抵觸《基本法》。

其結果就是，食物環境衛生署署長被剝奪了管理在政府土地上展示傳單與海報的合法權力。

難以想像律政司司長不考慮上訴至高院上訴庭，以至最終上訴至終審法院的可能性，從而為北京啟動人大釋法最終解決問題開闢道路。

這裏再一次顯示了香港的內部事務怎樣一步步最終由中央政府的權力機構加以解決。

《基本法》賦予了「一國兩制」政策以法律效力，在香港回歸後二十多年裏一度運作良好：直到香港司法機構自身一步步地放棄部分的香港自治權。

這到底是司法獨立的實踐，還是對憲制信任的背叛？

第二章

轟動的 Q 醫生案
（或律師如何引導法官）

導言

　　這件案件的核心是一個純粹的醫學問題：一名醫生（引述為 Q 醫生）在精神狀況上是否適合行醫？

　　當然，一個人的精神健康並非靜止不變的，可能隨着時間而產生變化。故就衍生了一系列附帶性的問題：例如，在相關的醫療時間裏，醫生的精神健康狀況怎樣？他的精神狀況（假定他存在一種持續的問題）在何種程度上影響到行醫能力？他可否通過適當管理精神狀況而繼續安全地行醫？

　　無論從甚麼角度來看，這些都只屬醫生需要決定的事務，無需律師和法官介入。

　　然而，就是這個純粹的醫學問題引起了三套法律程序，耗費了五年多時間，但結案仍然遙遙無期。在這些法律程序中，援引了世界各地的大量憲法案例；來自法國斯特拉斯堡歐洲人

權法院的諸多裁決被作為權威引用；基於晦澀法律觀點的冗長判決書由高等法院發佈，它們與本案的真實議題，即香港醫生的精神健康及其行醫能力完全無關。

經過上述完全無意義的三套法律程序，高等法院的法官歐陽桂如（AU-Yeung J）總結如下：

> 基本立場是這樣：案件首次發生以來五年多，高等法院首次審理此案以來四年多，訴訟各方又回到了原點。

對被牽涉的各方，包括司法機構、法律界、醫療機構來說，該案是的一個污點；對不幸的 Q 醫生而言也完全是個悲劇，他肯定對當天託付律師處理此案感到後悔。

基本事實

2008 年 11 月 4 日，上午 9 時 15 分，一名受僱的醫生（Q 醫生）被發現在基督教聯合醫院手術室的男性更衣室內處於半昏迷狀態。他的當值時間是上午 8 時 30 分到下午 4 時 30 分。他負責是在手術前照看病人，在手術時進行麻醉，並在手術室內陪伴病人。他曾經給自己注射異丙酚（Propofol），這是一種用於麻醉的藥物。該藥物有催眠效果，同時還是鎮靜劑和頭痛緩解劑。

隨後的精神病學報告顯示，Q 醫生自 2004 年以來即患上抑鬱症（depressive disorder），而工作環境轉變更令他的病情惡

化。他原來是在瑪嘉烈醫院的深切治療病房工作，從 2008 年 7 月 1 日起「調派」到基督教聯合醫院工作。上述報告並未提及這一次調職有否影響到了 Q 醫生的精神健康。他漸漸對異丙酚產生了依賴，而最初他只是用它來治療失眠的。

此事如何成案？

有人可能會問，這件事情怎麼成了一宗案件？Q 醫生被僱主停職了嗎？這一事件有導致牽涉病人的事故嗎？有其他人因其精神狀況而受害嗎？以上這些都沒有發生。

以上概述的事實來自霍兆剛法官（Fok J）2010 年 10 月 5 日頒下的冗長判決（Q 醫生訴香港醫務委員會之健康事務委員會，*HCAL 32/2010*）。該判決晦澀難讀，再次顯示了現實與法律之間的鴻溝。

醫管當局採取的措施

Q 醫生事件發生四個月後，瑪嘉烈醫院行政總裁把事件告知香港醫務委員會秘書（通過 2009 年 3 月 6 日的信件）。

又過了近四個月，香港醫務委員會秘書寫信給 Q 醫生（通過 2009 年 7 月 30 日的信件），提出了一個問題：Q 醫生有否犯了專業的不當行為（professional misconduct）一罪？Q 醫生被要求向將於 2009 年 9 月舉行的初步調查委員會（Preliminary Investigation Committee）的一次會議，提交一份書面解釋文

件。Q 醫生被告知，初步調查委員會的唯一職能就是決定應否啟動醫務委員會的調查程序；初步調查委員會無權進行裁決或宣判。

2009 年 11 月 9 日

初步調查委員會原定於 2009 年 9 月的會議沒有召開。會議被延期至 2009 年 11 月 9 日（距離 Q 醫生事件發生剛好超過一年）。

會議當天，Q 醫生的律師提出該案應轉介到香港醫務委員會之健康事務委員會處理。同時，代理律師提交了前面提及的精神病學報告。表面來看，這似乎是一個合理的請求。Q 醫生在去年 11 月 4 日的表現是一個精神健康問題；他沒有涉及任何職業上的行為失當；他需要幫助和復康治療，而並非懲罰。

2009 年 11 月 9 日，Q 醫生仍在從事醫務工作，且在過去一年一直繼續行醫。

醫務委員會之健康事務委員會

根據香港法例第 161 章的《醫生註冊條例》（Medical Registration Ordinance），健康事務委員會的職能純粹是調查性的：以決定一名註冊醫生的精神和體格健康，並評估他或她是否適合行醫。基於這一目的，健康事務委員會被要求舉行聽證會並考慮是否向醫務委員會提交建議。

只有醫務委員會才有權力和責任根據健康事務委員會的報告與建議來決定發出何種命令。

2009 年聖誕前夕，Q 醫生收到了醫務委員會秘書發來一封健康事務委員會聽證會的通知函，時間定在 2010 年 1 月 26 日。他被要求親自出席聽證會，其代理律師或法律顧問均不得出席。他在 2010 年 1 月 4 日又收到了關於此事的提醒函。

健康事務委員會聽證會禁止法律代理人參加這一要求，在《醫生註冊條例》第 24(2) 條和《醫生（註冊及紀律處分程序）規例》第 35(1)(c) 條有所規定。

健康事務委員會 2010 年 1 月 26 日的會議

健康事務委員會在 2010 年 1 月 26 日的聽證會如期舉行。該委員會由七名醫生和一名業外委員組成。初步調查委員會的主席是這些醫生委員之一。正是他「將此案呈交給」健康事務委員會。

Q 醫生的代理律師事後評論道：這位主席對 Q 醫生的「交叉詢問」(cross-examination) 顯得「不必要地嚴厲」(unnecessarily robust)。

聽證會在當天沒有作出結論，會議延期至 2010 年 3 月 22 日。

Q 醫生被健康事務委員會的法律顧問「警告」不要與其代理律師討論有關證據：這正是霍兆剛法官在判決中未經評論而

提出的問題。這是很奇怪的。憑甚麼權力提出這樣的「警告」？如果 Q 醫生與其律師討論了證據問題，他會受到甚麼制裁呢？他為甚麼不能這樣做呢？

霍兆剛法官的判決顯示，2010 年 2 月 12 日，Q 醫生的代理律師寫信給健康事務委員會以「告知該會他們將會見 Q 醫生並討論相關的程序問題」。這一點同樣被法官不加評論地提及。為甚麼律師覺得有必要告知健康事務委員會相關事宜，實在是匪夷所思的。

伴隨延期會議的事件

2010 年 3 月 11 日，Q 醫生的律師請求健康事務委員會「確認」（confirm）Q 醫生可以在延期後的 3 月 22 日會議上獲得法律援助：這一點再次被霍兆剛法官不加評論地加以提及。這同樣是很奇怪的。如法官自陳，《醫生註冊條例》和《醫生（註冊及紀律處分程序）規例》都明確地在健康事務委員會會議程序中排除了律師參與。這裏不存在歧義。健康事務委員會很難違反適用於自身的規則。

當然，健康事務委員會沒有給出確認。

「暫停」健康事務委員會程序的法庭命令

根據霍兆剛法官判決書中又一次不加評論的記錄，2010 年 3 月 22 日 Q 醫生通過單方（ex parte）傳喚的方式向高等法

院申請暫停健康事務委員會的會議程序，直到他向高院申請司法覆核的程序作出決定為止。

申請程序暫停是完全沒有法律基礎的。

高院法官哪有停止醫務委員會所屬組織之合理職能行為的管轄權？健康事務委員會只是建議繼續進行對 Q 醫生行醫資格的調查；該調查程序依法在 2010 年 1 月首次展開。

當申請訴狀於 3 月 22 日提交給高院法官以單方形式處理並要求「暫停」健康事務委員會的程序時，有可能指控健康事務委員會甚麼過錯行為呢？Q 醫生的法律權利又遭到過甚麼侵犯呢？甚麼也沒被確認。根本就沒有。

從霍兆剛法官的判決來看，處理司法覆核申請的有關情況是：Q 醫生一方提出的唯一的申訴理由是，《醫生註冊條例》第 24(2) 條和《醫生（註冊及紀律處分程序）規例》第 35(1) 條是「違憲的」。

然而，存在一種根本的法律規則：即一部制定法除非由具有合格管轄權的法庭宣告無效，否則就始終是有效的，且必須在每一方面都推定為有效。這是簡單的常識。在香港，有數以千計的制定法構成了公民社會的結構。如果一項純粹的「違憲」指控就可以置法律於可疑境地，則整個法律系統將無法運轉。

此外，處理 3 月 22 日提出之暫停會議程序的單方申請的法官有一種自由裁量權。正如唐納森庭長（Donaldson M.R.）

在 *R v Panel on Takeover, ex parte Datafin [1987]1 QB 815* 案中所言：「我認為訴訟各方充分明瞭公法決策（public law decisions）的獨特性質是很重要的，即無論這些決策多麼錯誤，多麼缺乏管轄權基礎，除非並且直到它們被具有合格管轄權的法庭推翻，它們都具有並保持着完全效力。此外，法庭具有最終的自由裁量權，以決定到底是推翻它們還是根據公眾利益拒絕推翻，儘管法庭可能認為並宣佈相關判決已經越權（*ultra vires*）。」

當高院法官在處理 3 月 22 日提出之暫停程序申請時，Q 醫生自基督教聯合醫院那次事件以來已連續執業 16 個月，而且仍繼續執業。他的權利完全沒有被侵犯或被威脅要加以侵犯；醫務委員會似乎並不急於處理他行醫資格的問題。

基於自由裁量權以及常識，為甚麼法庭不索性允許調查程序繼續進行？假如健康事務委員會在 2010 年 3 月得出結論認為 Q 醫生有資格行醫——無論 16 個月前他的狀況如何——事情可能就結束了。假如結論是相反的，爭議就會留給醫務委員會處理；鑒於醫療體制之程序之遲緩，可能又需要幾個月時間（如果不是幾年的話），而 Q 醫生很可能在這一期間已採取復康治療——因此，無論健康事務委員會在 2010 年 3 月提出的發現和建議為何，Q 醫生都可能使醫務委員會在最終處理此案時，確信其合乎行醫資格。

然而，常識在該案中的作用甚微。霍兆剛法官的判決書沒有提供甚麼線索說明那位高院法官（不是霍兆剛）給出了

暫停程序的甚麼優點和思考。難道他只是那份申請的橡皮圖章？似乎如此。無論如何，他發出了暫停程序的命令。

司法覆核的申請

四天之後，司法覆核的啟動申請也獲得了批准。許可覆核的法庭命令包括了延長暫停健康事務委員會的調查程序，以等待司法覆核結果的進一步命令。

司法覆核的救濟訴求如下：

(1) 一項違憲宣告，即《醫生註冊條例》第 24(2) 條和《醫生（註冊及紀律處分程序）規例》第 35(1) 條違憲，理由是它們禁止了健康事務委員會聽證中的法律援助；

(2) 一則法庭命令，要求健康事務委員會允許申請人在涉及其行醫資格的聽證會重新召開時獲得律師代表；

(3) 一項非法宣告，即健康事務委員會已實施的涉及申請人行醫資格的相關程序，因侵犯了申請人的憲法權利與公民權利而屬於非法，不產生任何效力。

該案隨後轉由霍兆剛法官來處理，聆訊需雙方到庭。

律師控制一切

一旦該案轉入高院的完整聆訊程序，律師們就掌控了局面。

　　該程序從理據的現實出發，處理的是一個醫生的精神資格問題，逐步滑入了人權法的晦澀領域，把大量來自歐洲和其他來源的所謂權威牽涉進來。

　　申請人的案件被霍兆剛法官簡單總結為：《醫生註冊條例》第 24(2) 條和《醫生（註冊及紀律處分程序）規例》第 35(1)(c) 條在健康事務委員會聽證程序中排除了律師參與，抵觸了《香港人權法案條例》第 10 條，因而是「違憲的」。

《香港人權法案條例》第 10 條

　　《香港人權法案條例》第 10 條賦予《公民權利和政治權利國際公約》第 14(1) 條在香港的具體法律效力。該條款成為香港本地法律的一部分。

　　問題可以簡化為：健康事務委員會的會議在第 10 條的規管範圍內嗎？或者換一種說法，第 10 條就其對基本人權的保障而言，適用於健康事務委員會的會議嗎？

　　律師們依賴第 10 條的前兩句規定立論，聲稱可以判定有關本地法律對律師的排除條款是「違憲的」。

　　第 10 條的這兩句規定如下：

　　　　人人在法院或法庭之前，悉屬平等。任何人受刑事控告或因其權利義務涉訟須予判定時，應有權受獨立無私之法定管轄法庭公正公開審問。

第 10 條餘下的條款廣泛處理了基於國家安全等原因或特殊情況需要時將新聞機構和公眾「全部或部分排除出庭審程序」的事項。第 10 條接着作出如下規定：

> ……但除保護少年有此必要，或事關婚姻爭執或子女監護問題外，刑事民事之判決應一律公開宣示。

第 10 條的含義非常直白；所用語詞無論是英文還是中文並無神秘性。將制定法中的語詞神秘化，是嚴重貶低法治；特別是在香港這樣的雙語環境中，語詞含混性很容易在翻譯過程中發生。

第 10 條根本沒有涉及任何一個諸如健康事務委員會這樣的本地法律主體，且該委員會幾乎完全由醫生組成，所履行的職能不過是調查一名醫生同事的精神和身體狀況，評估其行醫資格並向醫務委員會提交所發現的結論和建議（如有）。

這裏，沒有任何人遭受刑事檢控；聽證程序沒有牽涉任何「權利和義務」；不存在任何「已訴案件」；沒有任何人建議過健康事務委員會應舉行公開聽證會；每個人都同意 Q 醫生的身份不應公開。成員 8 人中有 7 人是醫生的健康事務委員會僅被要求評估他們一位醫生同事是否符合行醫資格並向醫務委員會提交所發現的結論和建議（如有）。只有這些。

如果是那麼簡單，就好了。

在長達 67 段的判決書中，這位法官屈從於律師的觀點，展開了過於詳細的分析。在判決書內，他在大量所謂的「權威

案例」中引用了一個來自歐洲人權法院關於奧地利土地交易的案例。這些案例涉及到《歐洲人權公約》第 6(1) 條，據稱是與《香港人權法案條例》第 10 條「有着實質相似性的條款」。

在由這位法官審視的諸多「權威案例」中，有一個英國案例，即 *R(on the application of G)v Governors of X School [2010]2 All ER 555*，當中一名教師面臨校監們的懲戒；校監會議的決定將會導致該教師登上黑名單，禁止從事與兒童有關的工作。該教師引用了《歐洲人權法案》第 6(1) 條。這份具有指導意義的判決由大法官勞斯爵士（Mr Justice Laws）發佈。

霍兆剛法官的結論如下：

> 我認為大法官勞斯爵士在那個案件中提出的分析路徑即所謂的實質性影響或實質性效力測試，為本案提供了一種正確的分析基礎，以決定基於第 10 條之目的，健康事務委員會的現行程序是否構成影響 Q 醫生執業權利的**決定因素**（determinant）。

到底從第 10 條的直白規定的甚麼地方可以衍生出這種「測試」呢？

「決定因素」？這個概念從哪裏來的？

答案是：第 10 條語詞的含義「因其權利義務涉訟須予判定時」並不一定是其文本上顯示的含義——據稱，它們可以適用於行政機構，即使這些機構沒有以任何方式決定某個人的「權利和義務」以及不存在任何「已訴案件」。通過遵循斯特拉

斯堡的歐洲人權法院解釋《歐洲人權公約》第 6(1) 條的方式，
這一結果被預期可以達成。

　　在判決書第 48 段，這位法官說道：「第 10 條與《歐洲人
權公約》第 6(1) 條具有實質相似性，因此參考歐洲人權法院
（斯特拉斯堡法院）的法理學是適當的，且需要在決定第 10
條之範圍與效力時對這一法理學進行實質性衡量：參見 *Tse
Wai Chun Paul v Solicitors Disciplinary Tribunal ......Chow Shun
Yung v Wei Pih & Another, Lam Siu Po v Commissioner of Police
[2009]12 HKCFAR 237*。類似地，聯合國人權委員會關於《公
民權利和政治權利國際公約》第 14(1) 條的一般性評論及公開
出版的通訊文件也可為我們理解第 10 條提供指導：參見在第
59 段的 *Lam Siu Po v Commissioner of Police*。」

　　這一路徑根本上是錯誤的。香港是由《基本法》而不是
歐洲法規管。《基本法》第 8 條規定了普通法是香港特別行政
區的主要法律。無論斯特拉斯堡法院關於《歐洲人權法院》第
6(1) 條說了甚麼，都與本案無關；這不是一個普通法法庭解
釋成文法的方式。當需要對一部制定法進行文義的直白解讀
時，不需要引入甚麼其他法律；當然也不是歐洲法。

　　進而，香港並非《公民權利和政治權利國際公約》的成員
方，即使《香港人權法案條例》的語詞來自該人權公約的文本。
《香港人權法案條例》——香港法例第 383 章——是香港的本地
法律；得到《基本法》第 39 條的規範支撐。

假如對香港法庭如何解釋法律還有甚麼疑問的話，1997年 2 月 23 日全國人大常委會的決定可以釐清一切，該決定引述了《基本法》第 8 條（規定普通法作為香港特別行政區主要法律），在決定附件 2 的第 7 段宣佈《香港人權法案條例》第 2(3) 條**不適用**。

第 2(3) 條規定如下：「在解釋和適用本條例時，需關注如下事實，即本條例之目的在於將《公民權利和政治權利國際公約》中適用於香港的規定納入香港法律，並對附帶及有關聯的事項作出規定。」

換言之，《香港人權法案條例》的有關條款應當像香港其他制定法一樣加以解釋；其文本來源上與《公民權利和政治權利國際公約》的關聯在法律解釋上並不相關。

《公民權利和政治權利國際公約》的有關條款在《基本法》第 39 條中被承認為「適用於香港」，由本地立法加以實施。

黃金規則

普通法法庭中的黃金規則是，根據有關條款的真實意圖和精神，賦予制定法語句以平實而普通的含義。除非制定法的含義不清晰，否則無需尋求無論是歐洲的還是其他地方的「權威案例」的保證。

里德勳爵（Lord Reid）是一位普通法大師。以下是他在

Brutus v Cousins [1973] AC 854 一案中的陳述：

> 英語語言中某個普通字詞的含義不是一個法律問題……如果語境顯示某個字詞是在一種非常意義上使用的，法庭將會用其他字詞來決定該種非常意義是甚麼。不過這裏……『侮辱』（insulting）一詞不存在非常意義上使用的任何問題。似乎……傾向於取其常用含義。對於裁判具體案件的法庭而言，制定法字詞在整個語境中是否是作為英語語言的普通用法或是適用於已證明事實的問題，不是一個法律問題，而是一個事實問題……

當某人將《香港人權法案條例》第 10 條作為一個整體來解讀時，無論是英文還是中文，其含義都是無爭議的普通含義，即在刑事檢控之外，焦點在於決定各方「權利與義務」的「法庭」程序。當這些程序裏沒有訴訟「各方」，沒有「已訴案件」，沒有牽涉到「權利和義務」，它們怎麼會落入第 10 條的範圍呢？沒有哪個普通人在解讀第 10 條時，會認為健康事務委員會的有關程序可以受到第 10 條的影響。

法律煉金術

不過，當某個案件陷入律師們那令人費解的世界時，某種形式的煉金術就出現了，類似於歐洲中世紀的人從事的那種試圖將鉛變成金的荒謬實踐。

這裏，律師們相互取悅。歐洲法理學入場，用以強化一

種勉強的結果傾向，而這些與所謂 Q 醫生的行醫資格問題完全無關。

《香港人權法案條例》第 10 條的直白文字經過法律煉金術的機器處理，產生了如下的結果：

> 因此，《醫生註冊條例》第 24(2) 條和《醫生（註冊及紀律處分）規例》第 35(1)(c) 條沒有授予健康事務委員會以任何裁量權決定允許獲得法律代理，它們是**違憲的**。

但是法官拒絕頒佈法庭命令要求健康事務委員會准許 Q 醫生在重新召開的聽證會上獲得法律代表。

換言之，這一法律煉金術將《醫生註冊條例》第 24(2) 條和《醫生（註冊及紀律處分）規例》第 35(1)(c) 條規定的禁止條款改成了裁量條款，可由健康事務委員會自由裁量加以決定。

如果某人暫且遠離法庭上的爭辯，問題的答案非常明顯：第 10 條的字詞含義清晰。這一條與本案並不相關。

有可能擾亂法官清晰法律觀點的是被告（健康事務委員會）律師陳述案件的方式。這位律師從未告知法官：「請直接解讀第 10 條的含義。」相反，他和 Q 醫生的律師一起沉浸在歐洲「權威案例」的分析之中：如 *Ringeissen v Austria (No.1) [1971] EHRR 455*（歐洲人權法院處理的一宗刑事案件，涉及奧地利的土地交易）以及 *Le Compte, Van Leuven and De Meyere v Belgium [1981] 4EHRR1* 等，均有長篇大論的討論。這位律師得出了神秘兮兮的結論：

可以得出結論，第 10 條與 [健康事務委員會的] 程序有關，但只是作為一種更大法律程序的一部分，它們共同導致了引起第 10 條保護功能的有關公民權利的決定。

他到底在說甚麼呢？

可以理解，法官也被搞混了。鑑於本案判決令人困惑的複雜性，它不能給醫生們提供任何有意義的指導意見。醫生們現在非常希望知道由法官授予他們的自由裁量權到底應該怎麼行使，才能滿足「法律」的神秘要求。

林少寶訴警務處處長 *[2010] 12 HKCFAR 237*

霍兆剛法官在 Q 醫生案中也遇到了這樣的問題：他面對着終審法院已經處理過有關內部裁決程序的判決：在那個案件中，終審法院認為，關於依據《警隊條例》(Police Ordinance) 針對警官的紀律處分程序，《香港人權法案條例》第 10 條是有關的，即林少寶訴警務處處長 (*Lam Siu Po v Commissioner of Police*) 一案。

該案產生了兩份判決書，其中一份由常任大法官李義 (Ribeiro PJ) 發佈，另一份則由常任大法官包致金 (Bokhary PJ) 發佈。李義大法官賦予第 10 條之「**已訴案件中的權利和義務**」以擴大的含義；而包致金大法官則沒有那樣做。

法律的「漏隙」

　　李義大法官的分析路徑是追溯與《香港人權法案條例》第 10 條相似的《公民權利和政治權利國際公約》第 14(1) 條和《歐洲人權公約》第 6.1 條的立法史。他得出結論，認為《公民權利和政治權利國際公約》的保護存在一個「漏隙」（gap），原因是：在許多歐洲國家的法律系統中，「權利和義務」的表達不是全部包含的（all-embracing），在管理私法的民事法庭和裁判庭之外，還存在處理「司法化」（judicialized）行政程序事務的行政機構，它們在「公民權利和義務」的規範之外；在這一灰色領域，歐洲法理學傾向於不鼓勵「過度律師化」和「過度司法化」。

　　李義大法官用幾十段的篇幅處理了這個問題，所用的術語沒有哪個香港的門外漢能夠理解。這些段落處理了歐洲法理學錯綜複雜的脈絡，嘗試調和歐盟內部不同的法律系統。這一路徑將讀者帶離普通法的清晰線索，明顯鼓勵了大律師在 Q 醫生案中致力於司法詭辯。

　　這太令人遺憾了，因為李義大法官在林少寶訴警務處處長案的判決書第 69 段說道：

　　　　對一名普通律師而言，這一漏隙的存在可能並不顯著，他完全可以假定「公民權利和義務」這一術語包含了刑法領域之外的所有權利和義務。不過，在適用《公民權利和政治權利國際公約》和《歐洲人權公約》的許多歐洲國家中，「公民權利和義務」並不被理解為是那麼全部包含的……

在一個普通法法庭，法官為甚麼要關注於填補歐洲法理學中存在的漏隙呢？特別是在香港，法庭尤其是最高層次的終審法院，應當敏感認識到香港的雙語問題並避免含混不清的情況。

包致金大法官在林少寶訴警務處處長案中採用了一種極為不同的路徑。他推理道：廣義地看第 10 條，它保障了所適用之聽證程序的公平（fairness）；公平並不總是伴有法律代理的權利；它只是伴有否認該權利是不公平的這種權利；紀律處分程序中典型牽涉的權利是擴展至保有職業、服務資格或行業准入的重要權利。當這些程序的決定可能導致某人——比如一名警司——被開除及伴有退休金損失而法律代理有可能使結果有所不同時，通過立法絕對禁止法律代理就導致相關程序不公平：因此《警隊條例》對法律代理的禁止與第 10 條相衝突。

這是對普通法原則的一種清晰而簡明的運用。它避免了賦予第 10 條以一種不自然的扭曲含義。它得出了與李義大法官相同的結果。令人遺憾的是，終審法院的其他大法官（包括首席大法官），只是簡單地同意李義大法官的判決——似乎不承認包致金大法官採用的清晰簡明的普通法路徑。

結果

Q 醫生從所有這一切當中得到了甚麼呢？隨後發生的事件顯示，他除了收到大量的法律賬單之外，甚麼也沒有。

　　假如健康事務委員會完整開完了聽證會，在爭議訴至法庭之前作出了決定，我們就可以從會議記錄上看到該案到底涉及到甚麼法律問題。對律師的排除問題不應當在真空中加以裁決。霍兆剛法官對此問題的解決是純粹把它作為理論問題處理的。

　　頗具諷刺意味的是：在這份判決引用的大量材料中，有大法官勞斯爵士的這句話：

　　　　通過斯特拉斯堡法院解釋和適用《歐洲人權公約》而發展起來的原則似乎比並不清晰有力；我曾言明，普通法法理學總體上應當是實用和對事實敏感的。

　　對事實敏感？霍兆剛法官的判決唯獨缺少了這一點。

後續事件

　　霍兆剛法官於 2010 年 10 月作出判決之後，Q 醫生的律師們多次要求健康事務委員會召開新的聽證會，其中：(1) Q 醫生將獲得律師的協助；(2) 初步調查委員會主席不應參與新的聽證會；(3) 參加 2010 年 1 月聽證會的聽證委員應予替換。

　　律師們聲稱此事非常緊急，因為懸而未決的程序對 Q 醫生的仕途造成了不利影響。

　　除了 2010 年 11 月 9 日健康事務委員會發出過一封詢問函要求 Q 醫生證實其法律代理權利之外（律師們於 11 月 15 日

作出了答覆），健康事務委員會一直保持沉默。

其後沒有再安排任何聽證會。

第二輪法律程序

霍兆剛法官判決之後兩年，Q醫生第二次提出了司法覆核申請，尋求法庭命令以強制健康事務委員會舉行聽證並作出裁決，即：*HCAL150/2012*。律政司代表健康事務委員會出庭。2012年12月17日，即事發四多之後，法庭發出了同意命令：(1)法庭應發出強制命令，要求健康事務委員會舉行聽證並裁決Q醫生的案件；(2)新的聽證會應當盡可能「提前」舉行。

即使如此，聽證安排仍處於停頓狀態。

這一強制命令（得到雙方的同意）於2012年12月17日發出。

隨後是來自Q醫生代理律師們的數次「催促」。但沒有任何效果。

最終，Q醫生發起了第三輪法律程序。

第三輪法律程序

即*HCMP1970/2013*。Q醫生這一次由著名律師和初級律師共同代理。他請求法庭確認健康事務委員會因不能遵守強制

命令而觸犯了蔑視法庭罪；他要求健康事務委員會相關委員應被處以罰款，且需基於賠償金理由而支付他的訴訟成本。

啟動司法程序的申請於 2013 年 8 月 9 日提出。該申請在 8 月 28 日獲得聆訊。兩天後法庭批出了許可。可以假定，授予司法覆核許可的法庭命令即刻送達了健康事務委員會。

那麼健康事務委員如何回應呢？

健康事務委員會將訴狀留在手中。

近三個月後（2013 年 11 月 25 日），健康事務委員會要求 Q 醫生出席將於 2013 年 12 月或 2014 年 1 月舉行的會議：會議成員由那些原來已被訴藐視法庭的相同人員組成。Q 醫生拒絕了會議要求。

《醫生註冊條例》本身有法律空間容許醫務委員會任命一個由全新人選組成的委員會。這一點甚至可以在 2012 年 12 月法庭強制命令發出之前就可以完成。某程度上，歐陽桂如法官（AU Yeung J）在 *HCMP1970/2013* 案判決書中解釋了，醫務委員會沒有這麼做顯示了該機構的一種系統性失靈。此事還顯示了該機構對其醫生成員的福祉的冷待——站到了這種被視為關愛性職業的對立面。

這是一個訴訟狂揪住醫療管理當局不放的案件嗎？抑或只是一個因法律似乎過於複雜而陷入了行動困境的案件？就像在車頭燈下抓到的兔子一樣嗎？

無論如何，戰線已經劃定。律師們完全控制一切。對健康事務委員會委員蔑視法庭罪的指控申請，已排期等待聆訊。

最終的結果

指控申請在數個月之後，即 2014 年 1 月 23 日由歐陽桂如法官負責審理。法院於 2014 年 2 月 7 日頒下判決。

這份 21 頁的判決書，其中引用了大量的權威案例。但其結果可以用幾句話來陳述：2012 年 12 月 17 日的法庭強制命令有根本性缺陷；該命令沒有指明遵照執行的日期；申請指控健康事務委員會委員蔑視法庭的訴求必須駁回。這就完了。

這一缺陷本可以在該判決作出前的任何一個時刻通過依據《高等法院規則》第 45 號命令第 6 條規則下的申請加以補救，確定具體日期；但沒有人那麼去做。

這位法官接着考慮了健康事務委員會事實上到底是蔑視法庭，抑或只是笨拙無能。對指控申請的結果而言，這完全是次要問題，但卻高度揭示了受關注的所有職業（如醫生、律師之類）存在的問題。他們完全忽視了訴訟目的：不，或許更令人驚訝，從一開始就可能沒有訴訟目的。

因為 2012 年 12 月 17 日的法庭強制命令沒有載明履行日期，Q 醫生的指控申請如前所述被駁回了，這是有代價的：純粹因為一個技術性缺陷；一個一看便知的缺陷。

Q 醫生本來要求法庭判令健康事務委員會委員賠償其訴訟成本。如今他自己需要支付對方的訴訟成本——包括資深大律師和初級律師們的費用。

訴訟成本

Q 醫生被要求支付的訴訟成本不僅包括那些涉及蔑視法庭指控失敗的申請程序中的費用，還包括另一組費用。

另外的費用來自 Q 醫生被兩次傳召的、由被告主持的程序，目的在於發現和審查相關文件。這些費用與被告如何內部處理 Q 醫生的問題相關。

這些申請通常情況下應由一名主審法官先行書面處理，作為正式庭審準備工作的一部分，在法官正式審判前可以花一些時間分析案件。不過該案在法官處理實質性問題的當天已直接帶到了這位法官面前。訴訟雙方都由資深大律師和初級律師代理。

Q 醫生的代理律師們在那些會議召開程序中以及實質性聆訊程序中施加了巨大壓力，他們到底怎麼想他們的所作所為，實在超出我們的理解範圍。當剩下的事實議題要求一個詳盡的文件發現過程時，他們到底在想甚麼？有一件事是確定的：假如這位法官批出法庭命令的話，勢必意味着進一步的法律拖延。那是 Q 醫生所追求的嗎？

關於健事務康委員會沒有遵從法庭強制命令的事實,是沒有爭議的。沒甚麼可爭辯的了:然而律師們堅持繼續爭辯,強烈要求發現文件的命令,引述了無數的權威案例。荒謬至極。

即使被發現蔑視法庭,法庭對健康事務委員會的任何金錢制裁都不可能落入 Q 醫生的口袋:處以罰款的權力只是為了強調遵守法庭命令的重要性。被告支付的任何罰款都將進入公眾財政範疇。因此這件案件在內部如何由被告處理對於 Q 醫生有何關係呢?

關於文件發現和審查的司法申請完全失敗了。在一份 13 頁的判決書(2014 年 1 月 28 日)中,歐陽桂如法官認為 Q 醫生的律師們要求的 5 類文件與本案無關,Q 醫生被要求支付這些程序的訴訟成本。

歐陽桂如法官的案件概要

以下是歐陽法官關於其判決立場的概要(判決書第 74 段):

> 核心立場是:自從首次事發已過了五年多,自從健康事務委員會首次接受此案已過了四年多,經歷了三輪的法庭程序,訴訟各方又回到了原點。健康事務委員會確實有意遵守法庭強制命令,但對遵守程序卻出現一種懶散和低效的情況。鑒於 Q 醫生案是四年多以來健康事務委員會必須處理以及是在法庭強制命令

下以高昂代價處理的唯一案件，這一程序拖延就是悲劇性的，應受到譴責！

　　這一拖延影響到了一名醫生同事的職業，也未能促進公眾對健康事務委員會的信任。如果 Q 醫生不適合行醫，他自從健康事務委員會首次接手案件後已經繼續行醫四年多了。另一方面，如果他適合行醫，資格調查問題自從首次事發以來已懸在他頭頂五年有多。這導致他對健康事務委員會產生了實質性的偏見，認為由於健康事務委員會的聽證，醫務委員會已經形成關於其行醫資格的定見。連鎖效應由此產生：(1) 關於其作為一般醫生及未來醫療從業資格的問題，存在保險上的影響；(2) 在海外轄區的行醫存在明顯的重要障礙；(3) 參加海外行醫資格考試存在明顯的重要障礙。

一場本可避免的悲劇

「回到原點」，這位法官說道：累計達到 79 頁的三份判決，引用了全世界的無數案例，花費了數百萬元的訴訟成本。

為了甚麼？

在這一進程的好幾個階段，適當的案件管理完全可以逆轉這一悲劇。

在 2010 年 3 月的起始階段，法官就應當拒絕暫停程序的請求，同時也應當拒絕啟動司法覆核的申請。

霍兆剛法官本應當擱置關於等待健康事務委員會會議舉辦的申請，在有需要時將問題留給自己處理。

　　歐陽桂如法官本應在 2013 年 8 月 28 日就已依據《高等法院規則》第 45 號命令第 6 條規則為健康事務委員會指定一個會議日期，並擱置關於蔑視法庭的指控申請，從而給健康事務委員會最後一次機會以完成其調查程序：這等於在其頭頂懸着一份有效的法庭強制命令。

　　事件顯示，在歐陽桂如法官於 2014 年 2 月作出判決的時刻，原初步調查委員會主席已不在健康事務委員會委員之列，而且委員會中的大部分成員已經更換——鑒於經過時間太長，這一點毫不奇怪。

　　新的健康事務委員會一旦意識到蔑視法庭程序的壓力時，為甚麼沒有召開會議呢？

誰在驅動這些程序？

　　歐陽桂如法官面臨的法律程序有些超現實（surreal）。她於 2014 年 1 月 23 日聆訊了關於蔑視法庭罪的指控申請。直至兩星期之後，判決才頒佈。

　　正如歐陽桂如法官在判決中所言：

> 　　健康事務委員會確實有意遵守法庭強制命令。但對於遵守程序卻出現一種懶散和低效的情況……

即使在 1 月 23 日的聆訊結束後，健康事務委員會仍可舉行會議。為甚麼這個會議沒有在判決發佈之前舉行呢？

難道是很大程度上掌控該案的律師們的爭辯遊戲，遮蔽了整個爭議的根本目標：即由健康事務委員會對 Q 醫生的資格作出評估？

歐陽桂如法官的聆訊程序引述了大量權威案例。為甚麼？

法律本身並無疑義，然而申請人的資深大律師所引述的權威案例，卻由被告的資深大律師所引述的權威案例來駁斥。

由此，很難避免得出這樣的結論，即這些法律程序已經自我終結了：一場律師們自我放縱的狂歡，加上法官的默許縱容。

法官的致謝

在判決書結尾，歐陽桂如法官說道：

> 我要感謝本案律師們最充分的準備和高標準的工作。

甚麼？！「高標準的工作」是指律師們犯下最基本的錯誤，沒能夠在一份強制命令中指定具體日期嗎？沒能夠在這一疏漏顯著暴露之後申請補上日期嗎？就像大家都看到的那樣，是指追求一種註定要失敗的蔑視法庭控訴申請嗎？失敗的文件發現傳喚，到底要做甚麼？通過冗長引用權威案例，到底解決了甚麼問題？

這種致謝到底是對大律師傑出法律服務的審慎認可，還是只屬一種套話，法官不論結果如何，覺得有必要對出庭的律師表示屈從？這只是形式正義，不是真正的正義。它對需要全天候司法自律的法治造成了重大傷害。

　　在這些繁雜的法律程序中，健康事務委員會均由律政司代理：律政司司長如何評說此案呢？

政策考量

　　《醫生註冊條例》第 24(2) 條排除了健康事務委員會聽證程序中的律師參與。

　　一旦健康事務委員會對涉事醫生作出了不利結論，他（或她）可以依據第 20W(3) 條上訴至醫務委員會，該條款允許律師代表申請人出席。更進一步，依據第 26 條，申請人有途徑上訴至高院上訴庭，很自然地在該程序中申請人有權獲得法律代理人。

　　我們看到，對法律代理的排除僅限於整個紀律處分程序的調查階段：在該階段，焦點問題僅僅在於涉事醫生的行醫資格有無受損，以及若有受損，程度如何。調查之後可以有一個處理建議，也可以沒有。這些純屬醫學專業問題。律師沒有必要參與其中。

　　就像法律界一樣，醫學界也是自我規制的。作為一個政策

問題，如果醫學界得出結論認為律師在場損害而不是有助於健康事務委員會的調查程序，律師又為甚麼要抱怨呢？

這個案例本身不正是顯示了排除律師參與健康事務委員會會議程序之規則是明智的嗎？

故事的道德教訓

2009 年 4 月，民事司法系統引入了一些重要的改革措施。法律程序不再由律師們單方面啟動。法官們被授權更加積極地管理法庭事務。《高等法院規則》新的第 1A 號命令的其中一個關鍵目標，就是「提升關於各方當事人利益的合理比例意識」。

指的是**各方當事人**利益。不是**律師們**的利益。也不是僅僅有利於律師的晦澀法律觀點的方案。

或許《醫生註冊條例》第 24(2) 條和《醫生（註冊及紀律處分）規例》第 35(1)(c) 條的「合憲性」問題對律師有利。

但這對 Q 醫生有何利益呢？

如前所述，司法覆核是一種自由裁量性的救濟機制。它需要法官運用常識來處理，以免這一程序遭到濫用。

像這樣的案例提醒了我們，正如查爾斯．狄更斯（Charles Dickens）在一個多世紀前評論衡平法院（Court of Chancery）時

所言：一個法庭「如此耗費財政、耐性、勇氣、希望，如此顛覆大腦並摧殘心智，以致於法官中沒有哪一個擁有榮譽感的人會不作出（並非經常作出）這樣的警告：寧可忍受能夠降臨你身上的一切錯誤，也不要來到這裏。」

　　一個人怎麼會對從本案中得到如此結果的法律系統感到滿意呢？還是沒有任何人在意嗎？

第三章

假髮、長袍、獵犬與
冒牌兔子的世界

導言

如果曾經有甚麼案件是由於律師們的離奇觀點而催生的話，那一定是梁思豪訴大律師公會理事會（*Albert Leung Sze Ho v Bar Council [HCAL 63/2014]*）一案。諷刺的是，該案竟牽涉到香港大律師公會。

案情本身相對簡單。不過 2015 年 9 月頒下的判決書長達 50 頁，從世界各地引述了超過 30 個案例，甚至包括來自喬治三世統治時期（1780 年）的一個案例。

案件背景

這宗司法覆核案的申請人是一名執業大律師，是多家律師事務所的成員。

因此，他受制於《香港大律師行為守則》(Code of Conduct of the Hong Kong Bar)。根據《守則》第 4 條的規定，《守則》由大律師公會採用，可以根據需要在全體大會上實時修訂，旨在維護法律職業的尊嚴及高標準。

在香港，沒有誰可以在未獲得執業牌照的條件下擔任一名大律師。根據《法律執業者條例》(Legal Practitioners Ordinance) 第 30(3)(a) 條之規定，執業牌照只能發放給香港大律師公會的付費會員。

主要職業

《守則》第 23(1) 條規定，一名大律師必須將其執業作為主要職業 (primary occupation)，如果與其他職業的關聯可能對大律師公會的聲譽造成負面影響，則不得從事任何其他職業。

為了實施「主要職業」的要求，《守則》第 23(2) 條規定一名執業大律師，只要其與相關職業的關聯可能導致其合理代理客戶的能力遭到偏向性損害，則不得直接或間接從事任何職業。

《守則》隨後規定了執業大律師可以從事的一些職業例外，比如擔任行政會議成員或立法會議員，從事涉及法律的教學或管理、與法律匯報有關的事務等，而不必考慮他們的實務是否維持了大律師作為主要職業。

《守則》第 23(3) 條規定：「一名大律師如欲從事副業，必須得到大律師公會的一般許可或特別許可。」

《守則》第 23(3)(b) 條提供了一份與大律師執業相兼容的獲許可副業清單。這些副業包括擔任評審委員會委員、裁判委員會委員、有償受託人、新聞記者等。

案件的源起

2014 年 3 月 5 日，申請人致信香港大律師公會，請求允許其從事「體雕」（Neuro-Beautology）行業，作為其律師職業的副業。他在申請中提供了一個網絡連接，設立者是一個名為國際自然療法學院有限公司（International Naturopathic College Ltd.）的機構。網頁顯示，該公司成立於 2002 年，並給出如下說明：

> 本學院以推廣中文自然療法教育為己任。通過七年的溝通與研究，本學院已與全世界不同機構和學院達成協議，設立了一系列中文自然醫學課程，並在香港設立了國際證書課程。這是自然醫學教育的一個重大突破。

網頁顯示的機構「宗旨」是：「以專業和普及教育促進預防醫學，鼓勵學生理解預防醫學，並進一步運用預防醫學治療其他人。」

該機構授予一種「體雕專業證書」，形容為「自然治療的一種類型，旨在以一種無痛、有效和非侵入式的方式矯正人體姿勢⋯⋯」

申請人聲稱他持有這種證書。

同日，大律師公會秘書回信，提出如下查詢：(1) 工作性質；(2) 平均每月或每週所用工作時間；及 (3) 預期報酬。

申請人回信解釋，這一工作「處於醫學範疇」，並附上了前面提及的網頁資料的打印件。他聲稱從事「體雕」職業的人通常被稱為「體雕師」（body figuring practitioner）。他表明會以「自由職業」（freelance）的形式開展「體雕」工作。每個體雕療程通常為一小時。關於工作報酬，他相信這種服務的價格在香港大致為每個療程 3,800 至 5,000 港元。

在隨後的進一步回覆中，他承諾每週花於這一副業的時間不超過 17 小時。

閃爍其詞的回覆

先暫停一下，我們可以看到這些答案至少是含糊不清的：或許也可以說，閃爍其詞。大律師公會秘書特別詢問過這一工作的性質。

重複公司網頁上的資料說明根本無濟於事。每週從事副業時間不超過 17 小時的承諾也是毫無意義的。

大律師公會顯著關切的一個問題是法律職業的尊嚴和高標準，以及從事「體雕」職業是否與大律師工作相容。

甚麼是「體雕」？在任何英語詞典裏都找不到這個詞。將「體雕」從業者稱為「體雕師」，只是在神秘之物上再添加神秘。

所謂的「體雕」到底牽涉到甚麼呢？申請人在治療過程需要做甚麼呢？他在哪裏執業？在他的律師辦公室？涉及到何種設備？如有，是甚麼？治療過程存在醫師和患者之間的身體接觸嗎？他的辦公室同事們同意他的副業提議嗎？他如何宣傳自己的服務呢？

至於他聲稱持有的來自「國際自然療法學院」的「體雕專業證書」，他到底參加了哪些為取得資格所需的課程？在哪裏接受課程？這家學院位於何處？

大律師公會秘書沒有去尋求這些實際問題的答案，反而回到這家公司在網站上張貼的自然療法宣傳資料。他看到，這家公司聲稱完成「體雕」短期課程的人即有能力從事脊柱或骨盆變形的治療，可實施「隆乳術」、瘦腰及矯正脊柱問題：如果這些聲明是真實的，所謂「體雕師」不過就是所謂的「美體師」之類，與在美容院工作的人類似。

從這些宣傳資料中，大律師公會秘書對於這家所謂學院的專業資格以及申請人持有的證書都有「值得考慮的保留」（considerable reservations）。

大律師公會理事會的審議

正是在這種半信半疑的狀態下，該申請被提交給大律師公會理事會考慮。

大律師公會理事會的會議備忘錄如下：

秘書提出兩個問題需要考慮：(1) 提議的副業工作時間為每週 17 小時，超出了大律師公會理事會可接受的範圍；(2) 這一副業與大律師工作的兼容性問題。秘書聲稱當詢問申請人這一副業更進一步的細節時，梁思豪只給出一個關於「體雕」工作的網站。秘書在瀏覽網站後對這一申請持有嚴重保留態度。

主席持有相同的觀點，必須拒絕申請。

理事會成員表示同意。結論是：必須拒絕梁思豪的申請。

大律師公會理事會的處理公平嗎？

假如在以上提出的部分或全部問題都拋給申請人，大律師公會理事會也許會對這份申請到底涉及哪些問題有更好的理解。申請人因此也會有機會消除理事會的焦慮與懷疑。或許是確認理事會對他的不太友善第一印象。

理事會沒有去找出所涉副業的真正性質，而是得出結論認為該副業與申請人從事的大律師職業不相容。

　　理事會成員們在否決申請時無疑都認為他們是在維護大律師公會的尊嚴及高標準。但是他們在處理申請時真的是在履行大律師公會的最高標準嗎？理事會的處理公平嗎？

法官的路徑

　　法官在該案判決書第 108 段，用「理由的充分性」的標題，寫道：

> 在我看來，大律師公會理事會「**不滿意 [申請人] 的體雕師工作與大律師工作的兼容性**」這一回覆……不能滿足**法律與公正原則的要求**。

　　這是在處理關於「提供理由的義務」的案件的一個長段落中的一句。這位法官幾乎沒有詳細闡述程序不公平的結論（如果那就是問題所在的話）。

　　證據顯示，在庭審過程中大律師公會理事會提出過這樣一種主張，即申請人未能提供「關於提議副業之性質和標準的充分且具說服力的證據」。這位法官在該段結尾繼續評論道：

> 這是申請人應當被公平告知的事項。假如申請人被告知了，他或許就會採取進一步措施回應相應的關注。拒絕的理由，即使對參加大律師公會理事會會議的成員再顯著不過，但實際上也不足以不證自明地確保其決定是清晰和充分的。

這將合乎邏輯地導向一個結論，即該決定在程序上是不公平的。但這位法官並沒有抓住要點，反而似乎被關於「證明責任」的案例引述迷惑了：在該案判決中援引了包括 *R v Criminal Injuries Compensation Board, ex.p. Moore, Capital Rich Development v Town Planning Board* 等案例。

我們可以很容易看到這個論證線索：程序公平是大律師公會熟知的一個概念；大律師們在無數次場合中都尋求對政府及其部門欠缺程序公平之行為與決策作出嚴厲譴責；這構成了許多司法覆核案件的核心法理。

該案申請人從未被給予機會，以消除由大律師公會秘書塑造並得到理事會接受的不友善印象。

事實上，大律師公會（或者更準確而言是其行政機構——理事會）在成為決策者時，並沒有踐行它所宣揚的準則；大律師公會規管專業行為與倫理的管理機構未能達到它自身設定的高標準。

這是該案唯一真正的問題所在。但該問題幾乎沒有在判決中被提及，也不是法官司法結論的焦點所在。

相反，這位法官被大律師們所提出的邊緣問題迷惑了，就像繞圈追逐冒牌兔子的獵犬一樣。

這裏有三隻冒牌兔子：「對司法覆核的服從義務」、「《基本法》第 33 條」以及「證明責任」。

「對司法覆核的服從義務」

這裏並沒有對案件的實質性問題作出處理，反而把程序關注置於判決的第一線。

法官聲稱，對司法覆核的服從義務是首要議題。

這是由代理大律師公會理事會一方的大律師提出的一隻兔子，而該案法官用了超過 10 頁篇幅進行追逐。大律師給出觀點，認為大律師公會應當被視為一個私人俱樂部，其成員都受到入會契約的約束，但並不受制於公法的審查。這就給出了「案例」引述的空間，多達數十個案例被援引：從 1780 年的一份英國判決，到來自海外的涉及賽馬、賽狗、來福槍射擊以及大律師行為準則方面的諸多判決。

法庭上沒有任何一個人問過這個問題：到底大律師公會理事會的決定是公法決定還是私法決定，這有甚麼關係呢？

假定香港大律師公會是一個純粹私人機構，就像一個社會俱樂部：其成員受到相同規則的約束，且依據入會契約共同受制於《大律師公會行為守則》。

這就引出了一個隱含的條款，即大律師公會理事會在依據《行為守則》第 23(3) 條行使其自由裁量權時，應當公平行使，而不應當將決定建立在猜測與狐疑的基礎之上。因此無論法庭處理的是公法還是私法問題，本案的問題也是一樣。

「《基本法》第 33 條」

第二隻兔子是：《大律師公會行為守則》第 23(3) 條是否抵觸《基本法》第 33 條。

申請人的觀點——在原審法官面前獲勝，但被上訴庭推翻——是《大律師公會行為守則》第 23(3) 條與《基本法》第 33 條自相矛盾。

《基本法》第 33 條規定：「香港居民有選擇職業的自由」。僅此而已。

用以處理這一問題的判決書部分接近 50 個段落。有關論證雜亂無章而且難以遵從。原審法官沒有對《行為守則》進行廣義解釋，反而採取了一種還原主義（reductionist）的方法。他將整個《行為守則》撕裂成幾個獨立的片段：他所謂的「榮譽規則」、「偏見規則」、「主業規則」和「副業規則」，並引述了數十個關聯性不高的案例。

這位法官得出結論認為（判決書第 85 段），《行為守則》第 23(3) 條授予了大律師公會理事會「一種優越性權力，其裁量範圍與行使方式不受任何原則、準則甚或指引的約束」，它不是「依法規定的」，不能通過規範效力的合憲性測試。這就導致了法官的違憲宣告，即《行為守則》第 23(3) 條是「違憲和無效的」。

這是又一個典型例證：表面法律（black-letter law）戰勝了

常識，細枝末節淹沒了主圖。

第 33 條出現在《基本法》第三章。該章的相關條款處理的**是居民的基本權利和義務**。它們保障了居民對於國家的特定權利，諸如免於任意逮捕的自由（第 28 條）、住宅不受侵犯的自由（第 29 條）、出入境的自由（第 31 條）以及參與宗教活動的自由（第 32 條）。

接着就是第 33 條。

該條並**沒有**規定：「香港居民享有從事兩種並立職業的自由。」

第 33 條以一般性術語寫成，旨在對諸如大律師公會之類的自治職業管理進行宏觀規管，而這種觀念是荒謬的。

申請人主張一種憲法權利，即他可以在擔任大律師的同時兼職從事「體雕師」職業。假如有一名女大律師主張有從事酒吧半裸服務生或賭場管理員職業的權利，大律師們還會要求考慮《基本法》第 33 條嗎？抑或《行為守則》第 23(3) 條還會在真空中以純粹語義解釋的方式被檢視而完全脫離根本事實嗎？

當法庭宣稱《基本法》的有關條款必須被「廣泛地」、「一般地」及「合目的地」解釋（*Ng Ka Ling v Director of Immigration et al*）時，並不意味着常識應當被拋棄。

這位法官到底是怎麼樣得出《基本法》第 33 條具有相關性的結論，實在是難以理解。在判決書第 63 段，這位法官似

乎接受了哈特曼法官（Hartmann J）的觀點（見於 *Cheng Chun-Ngai v Hospital Authority*），即《基本法》第 33 條並不「保障任何特定職業領域的受僱權利」；它只是防止任何形式的「在特定職業領域的（政府）強制安排」。

第 33 條賦予《中英聯合聲明》有關條款以具體效力，且正如霍兆剛法官在 *GA v Director of Immigration* 案中所言，那時規定職業選擇自由的重要性在於中華人民共和國存在計劃經濟下將大學畢業生分配到特定研究領域和職業的實踐：換言之，政府不得強制香港居民從事政府主導的職業——這也被法官引用到其判決書的第 64 段之中。

這裏，申請人確實行使了它的選擇權。他選擇加入大律師公會從事律師職業。他在若干律師事務所租用了執業辦公室。

他已加入大律師公會很久，應當熟知《行為守則》並知曉他一旦成為執業大律師，就必須遵守相應條款。這也是他第一時間要向大律師公會理事會提出副業申請的理由。

申請人從未告知理事會：「我從事副業並不需要得到你的許可。《行為守則》第 23(3) 條是違憲的。我並不受制於它的約束。」

只有在訴諸法庭之後，有關爭議才轉為一種詭辯遊戲。法官根本就不應該醉心於此。

法律職業，與醫學職業或其他職業一樣，在很大程度上是自我規制的。首先應當由專業機構依據可接受的行為標準

作出決定。正如時任高等法院首席法官馬道立（Ma CJHC）在
Dr Kwok Hay Kwong v Medical Council of Hong Kong [2008]
3HKLRD 524 案判決書的第 22 段所言：

> ……法庭一貫認為，醫學監管機構（比如香港醫務
> 委員會）是決定醫療職業行為定義的最佳機構。

本案法官本身也在判決書第 87 段寫道：

> 關於何種職業會對大律師公會聲譽及客戶利益帶
> 來特定影響的問題，對我而言似乎取決於職業倫理，正
> 如首席大法官休斯（Hughes CJ）在 *Semler v Oregon State*
> *Board of Dental Examiners 294 US 608 (1935)* 案判決書第
> 612 段所言，相關標準的必要性取決於專家意見的共識。

這一段落直接抵觸了這位法官個人的結論。我們可以看
到，如果《行為守則》被以一種常識方式解讀的話，何種副業
可被接受的問題就是大律師公會（通過其理事會）自己決定的
問題。這不是一個訴諸法庭的問題。這也不是一個牽涉到《基
本法》的問題。

那些接受大律師觀點並堅持認為涉及《基本法》的法官
們，似乎遺忘了他們更重大的憲法角色。正如常任大法官李
義在 *Secretary of Justice v Yau Yuk Lung Zigo & Another* 案中所
言：「宣佈制定法條款違憲的裁決具有最根本的重要性……」。
誠哉斯言！解釋《基本法》的最終權力授予給了全國人大常委
會（《基本法》第 158 條），而不是法庭。

假如香港司法機構看重高度自治的話，它就應當在大律師們提出《基本法》條款的相關性時謹慎行事。因為法庭每一次接受大律師觀點而解釋《基本法》時，它都冒着其解釋被全國人大常委會最終推翻的風險，從而使香港的自治遭致又一次重擊。

「舉證責任」

這是由大律師們放出來，被法官追逐的第三隻冒牌兔子。

如果引出裁決的司法程序是有缺陷且不合理的，良好的司法理由就不可能從中產生。這是一個常識問題。

舉證責任不是孤立存在的。它是司法決策程序的一部分。它不應如在本案所發生的那樣被獨立看待。

本案的裁決過程顯然是有缺陷的，而法官似乎只是朦朧感覺到。但這還不是問題關鍵所在。發現大律師公會理事會在本案中未能履行其「舉證責任」本身並無意義，因為存在一個簡單的理由：司法裁決程序本身就有缺陷。

上訴庭

上訴庭將原審法官的判決歸為「審慎」——但還是推翻了它。

時任高等法院首席法官張舉能（Cheung CJHC）在指陳原

審法官錯誤時聲稱：不必訴諸那些權威案例，《基本法》第 33 條的含義在於：其一，香港居民不應被強迫從事特定領域的工作；其二，他或她可基於自身選擇而在任何一個領域工作；但是，這一自由選擇並不意味着居民不受其自身職業規則的約束。僅此而已。

此外，這是上訴庭在 *GA v Director of Immigration* 案中已闡明的立場，而原審法官受到這一先例約束。

上訴法官潘兆初（Poon JA）給出了一個獨立判決，他花費了更多篇幅來陳述同一個道理。

在提及「舉證責任」時，潘法官引述了時任大律師公會主席 2014 年 3 月 7 日發出的信件，其中說明大律師公會理事會對申請人從事「體雕師」職業與其大律師職業的兼容性並不滿意，他進一步評論道：「這些理由事實上太過簡略。2014 年 3 月 6 日的會議備忘錄同樣如是。它們對於證據的充分性沒有多大幫助。原審法官認為這些理由並不充分，這一判斷正確。」

然而如果沒有任何一個人對「體雕師」到底意味着甚麼具備最低限度的知識，又如何判斷它和其他職業兼容與否呢？

實際上，上訴庭所論並沒有太過關注大律師公會理事會之理由不充分，而整個司法過程本身就是不公正和有缺陷的。假如事實細節成為本案焦點，結果或許會對申請人有利。我們看到，上訴庭的結論是，申請人沒有受到「不充分」理由的歧視性對待，從而不能從這一層面獲得救濟。

原審法官林文翰的判決被撤銷，司法覆核申請被駁回。

結論

繁瑣冗長、過度細化、缺乏焦點以及不相關的案例引用，將原審法官林文翰面對的一個簡單案件變成了一幕史詩劇，並得出了稀奇古怪的結果。

該案的核心議題被淹沒在如山般的司法辭藻之中。原審法官似乎將自身角色定位於處理大律師們的各式論點，而不是該案的真實議題上。

原審法官並沒有宣稱《行為守則》第 23(3) 條整體是「違憲的」。他的結論（判決書第 113 段）這樣寫：「第 23(3) 條中的**副業規則**抵觸了《基本法》第 33 條，從而不能被證成為依法規定的限制，也就不能構成其所尋求達成的正當目的。因此，在我的判決中，它是違憲和無效的。」

但是這位法官不能夠構造出他所尋求的準確命令，故他只是賦予了「依據該違憲宣告的準確語義進行申請的自由」（判決書第 114 段）。

他的困難是可以理解的，因為第 23(3) 條中根本就不存在所謂的「**副業規則**」；這完全來自他的杜撰（準確而言，是對大律師構造行為的接受）。《行為守則》第 23 條本身構成了一種更寬泛行為守則的一部分，旨在維護法律職業已提升的定位和高度倫理化與職業化的標準。

這位法官到底沒有考慮到這個問題。他不能構造出所尋求之規範性宣告的事實本身應已在他的頭腦中敲響警鐘，因為假如他的邏輯真的可以證成，違憲宣告本應容易作出。

他賦予依據違憲宣告之準確語義的「申請自由」：這一「自由」顯然是敗訴一方即大律師公會理事會不會接受的。

而申請人是如何構造這一違憲宣告的呢？導致這一結果的問題到底是甚麼呢？顯然不是授權大律師們集合決策的第 23(3) 條規定的「一般許可」（general permission）。如果法官有意將「特別許可」（special permission）權力一併剝奪的話，他可以很輕易做到：若此，則屬於法庭對法律職業管理的過深入的侵擾。這就是法官的困難所在。

他的抱怨（判決書第 85 段）是，《行為守則》第 23(3) 條賦予的權力，「其裁量範圍與行使方式不受任何原則、準則甚或指引的約束」。然而這位法官不能構造出任何「原則、準則或指引」以確保他眼中的第 23(3) 條合法且「合憲」。合邏輯的結論應當是，不能作出任何違憲宣告，司法覆核的申請應當駁回。

然而這位法官如此深地進入了案件的詭辯迷宮，如此沉迷於所謂的「權威案例」，以致於對案件的簡單邏輯視若無睹：就像一個頭顱高高抬起的人一樣，根本意識不到正有人在偷他的靴子。

該案還有一個古怪的面向：在判決書第 11 段，這位法官提到申請人曾決定從 2014 年 3 月 15 日開始不再擔任執業大律

師。這位法官是在 2015 年 4 月聆訊此案的，而沒有證據顯示
申請人改變主意並重操律師職業。這位法官直到 2015 年 9 月
24 日才作出判決，那時除了關於申請人自己的事之外，整個程
序已無甚意義。

第四章

善治——司法覆核：
通往善治的障礙？

肩上的法官

有一本由香港律政司出版的手冊，名為《肩上的法官：管治者的司法覆核指南》（*The Judge Over Your Shoulder: A Guide to Judicial Review for Administrators*），其中寫道：「認為司法覆核是良好管治的障礙是不正確的。相反，當這一法律程序被負責任且適當地運用時，它有助提升並維持管治行為的標準、改善管治和決策，並維護法治。」

該手冊中提到的「法律程序」指的是一種自律的程序。這是由制定法規定的：《高等法院條例》第 21K 條和《高等法院規則》第 53 號命令。這些規則確保該程序是清晰界定並快速完成的，使得管治者和公民均知曉各自的角色。

然而近來一段時期卻有大量案例顯示，這個程序已不再被負責任地和適當地運用。隨着自律性在法庭上的減弱，律師們

日益肆無忌憚。法官們不能堅定立場且嚴格適用法律，嚴重損害了法治。

一種自律的程序

《高等法院規則》第 53 號命令第 3 條規定了一種申請單方（ex parte）覆核的程序。這意味着收到申請狀（表格 86）的法官負有獨立作出決定的責任，無論申請人的理由是否具有可辯性。申請程序中的被告無需被傳召到任何程序中，除非法官認為相關問題具有可辯性且批出許可啟動覆核程序。

司法覆核所關注的是具有實質性法律後果的公眾機構的決定與行為。它並不是法庭一般性審查政府程序或介入政府政策與行為那種無焦點式討論的入口，就好像法庭是一間咖啡店。

郭卓堅的申請

以下以 2015 年 4 月郭卓堅提出的申請（即 HCAL 103/2014）為例，其中第一被告是行政長官，第二被告是「香港特別行政區政府」。

「香港特別行政區政府」作為被告：這是甚麼意思呢？誰是這個申請指向的決策者呢？每一位政策局長、政治助理或署長嗎？明眼人一看便知這個申請是荒謬的；令人擔憂的是，任何一個自重的律師本應將其納入黑名單，而法律援助基金竟然

把資源花在此種濫用程序之目的上。

郭卓堅申請案的焦點是行政長官提交給北京的一份**報告**，該報告處理的是由 2016 年立法會任期完結和 2017 年行政長官任期完結所引發的相關問題。這份報告就只是一份報告而已。它影響不到任何人的具體權利。

人們一看到申請狀，就會說服法官確信該申請是毫無意義且會招致麻煩。它應當在法官的單方處理程序中被駁回。相反，法官卻採納了一種所謂的「排期」(rolled-up) 聆訊。在法律援助基金的支持下，代理雙方的資深大律師和初級律師於 2015 年 4 月對簿公堂。由申請方律師提交的法庭材料恰恰確證了這一申請是毫無意義的。兩個月後，法官給出了他所謂的「判決」，駁回申請。判決書長達 15 頁。

從判決書第 29 段，可以看出資深大律師曾試圖從法官那裏尋求有關如何實施公眾諮詢的「一般指引」。這顯示出合理的司法自律已從這一法律系統中被過濾出去多遠了。為政府的行政分支有關如何開展公眾諮詢給予「指引」，並不是法官的角色。這是一個基本的普通法律問題。《基本法》所設立的權力分置 (separation of powers) 到底是甚麼呢？這一憲制架構如何處理申請人尋求的移審令 (*certiorari*，一種推翻行政決定的撤銷令) 的救濟呢？為甚麼法官要留意這些無意義之物並在判決中莊重地討論呢？這是一種儀式化的正義，而不是自律的正義。

梁麗幗的申請

以下再以 2015 年 5 月梁麗幗的一宗申請案為例。被告是三位主要官員，他們在之前一年負責有關香港代議制政府進一步發展的公眾諮詢工作。這一申請的標的是：其一，由三位主要官員在 2015 年 1 月發佈的一份諮詢文件；其二，2015 年 4 月發佈的一份報告及相關建議。這些政府行為怎麼能夠成為司法覆核的主題呢？這只是宣示一種宏大立場，濫用了司法覆核程序。這裏根本不存在可辯之物。法官沒有簡要地駁回申請，而是再次採用所謂的「排期」聆訊，要求雙方的律師團隊參與。這位法官最終發佈了一份超過 60 段的判決駁回了申請。

這是法官誤用了時間與精力，並賦予毫無意義的申請以司法能量。假如法庭以一種自律的方式運作，就可節省很多時間以處理更為嚴肅的問題，也會釋放信號給法律界：這類對司法覆核程序的濫用不會獲得批准。這可以通過針對法律代理人的一種虛耗訟費命令（Wasted Costs Order）來加以處理。

排期聆訊

「排期」聆訊起源於英格蘭，在司法程序中有其特定地位，但在申請人顯然不具可辯性的案件中則沒有。例如，它可以被運用在這樣的情形中：案件涉及大規模基礎設施工程，而司法覆核申請（表格 86）初步來看披露了尋求救濟的複合理由，其中有些具有可辯性，有些則不具有。當法官處理單方申請時，

認為在進一步審查後，有很大機會可以授予某些形式的救濟，那傳喚被告到庭就變得有意義，以至實際上這個申請就變成了當事人之間（*inter partes*）的聆訊。這就節省了時間。司法效率也得到了保障。

這種排期聆訊並不是法官在單方審理階段推卸個人責任的一種公式，該階段法官應當搞清楚申請人是否存在可辯案件。

裁量性救濟

司法覆核程序區別於其他訴訟程序的一個顯著特徵是：即使請求救濟的法律基礎已確立，沒有任何一方有權申請撤銷令、履行令或其他形式的救濟命令。司法救濟是裁量性的。正如大法官霍布侯斯勳爵（Hobhouse LJ）在 *Credit Suisse v Allerdale Borough Council [1997] QB 306 at 355* 一案中所言：「法庭在決定授予何種形式救濟時的裁量權是寬泛的。它可以考慮諸多因素，包括良好管治的需求、救濟的延誤、對第三方的影響以及授予相關救濟的效用。這一裁量權可以以部分支持並部分撤銷相關的行政決定或行為來行使。」

這一立場跟從了更早由庭長唐納森爵士（Donaldson MR）在 *R v Panel on Takeover, ex parte Datafin [1987] 1 QB 815* 一案中陳述的原則：「我想訴訟各方充分明瞭公法決策（public law decisions）的獨特性質是很重要的，即無論這些決策多麼錯誤，多麼缺乏管轄權基礎，除非並且直到它們被具有合格管轄權的

法庭推翻，它們都具有並維持着完全效力。此外，法庭具有最終的自由裁量權，以決定到底是推翻它們還是根據公眾利益拒絕推翻，儘管法庭可能認為並宣佈相關決策已經越權（*ultra vires*）。」

朱綺華訴環境保護署署長

　　這就是具有極大轟動性的港珠澳大橋司法覆核案，即<u>朱綺華訴環境保護署署長</u>（*Chu Yee Wah v Director of Environmental Protection*）。該宗司法覆核申請由朱女士於 2010 年提出，她住在東涌，獲得法律援助基金的資助。假如她的關切就是構成港珠澳大橋香港段的三個大型建設項目（當時即將動工）的**施工階段**的環境影響的話，這完全是可以理解的：無疑工程將牽涉到重型機械所帶來的灰塵、噪音和煙霧、建設交通的通勤、植被的破壞等。而假如這些事務的環境影響沒有得到環境保護署署長的合理評估的話，也存在可採取的實踐步驟使情況有所改善；法院的介入或有理據。

　　然而該案完全不是關於項目**施工階段**的問題。它是關於大橋投入使用後東涌周邊的空氣質量，為此目的而選定的評估年份是 2031 年，即所謂的「最壞結果」時間點。一個人怎麼能夠預測到未來那時的空氣質量呢？在一個技術突飛猛進的世界，誰能斷言 2031 年使用大橋的是哪些交通工具呢？到時它們一定還會使用化石燃料嗎？從珠江三角洲漂浮過來的由空氣傳播的污染物又怎樣呢？在香港一側的活動對環境造成的負擔又怎

樣呢？一個法庭怎麼可能基於這些情況而作出明智的判決？法官並不是預言家。

但諷刺的是：在任何案例中，所謂預言家總是被證明是錯誤的。大橋工程已被延期至少兩年（延期部分原因就是本案），故整個案件依賴的所謂「最壞結果」時間點就是錯誤的：它不再可能是 2031 年，而是至少應推遲到兩年後。

用大法官霍布侯斯勳爵在 *Credit Suisse* 案中的話來說，「對第三方的影響」是怎麼樣的？當霍兆剛上訴法官在 2011 年 4 月着手處理該案時，大橋建設已在內地一側開工。

如果環境保護署署長未能使法庭對大律師們提出的那些問題感到滿意，結果會怎樣呢？大橋工程將會停滯在珠江三角洲中間的某個位置。成了一座哪裏都通不往的橋樑。法官準備好面對這一結果了嗎？法官的停工令對納稅人造成甚麼樣的代價呢？建設工作的連鎖效應已經在邊境地區發生了嗎？這些實際上的重要問題沒有一個被考慮到。如果有甚麼案件是因為法庭的自由裁量權基於公眾利益而不給予救濟的話，這本應是一個典型案例。然而裁量問題從未進入本案的司法圖景，無論是在原審還是上訴審。

紹榮鋼鐵有限公司訴環境保護署署長

紹榮鋼鐵有限公司訴環境保護署署長（*Shiu Wing Steel Ltd v Director of Environmental Protection [2006] 9 HKCFAR 478*）

一案與港珠澳大橋案構成了鮮明對比。

　　作為倡議方的機場管理局希望在屯門建設航機燃油儲備設施。這些是急需的設施。但所選地址臨近紹榮鋼鐵工廠，那裏的爆破設備會產生超過攝氏 1,500 度的高溫。航機燃油外泄的危險被確認。這就存在對生命和財產的潛在危害。

　　環境影響評估報告未能合理應對這一議題。該報告承認導致儲油罐容量損失 10% 的某些事件的可能性。但如果損失達到 50% 或 100% 呢？關於這一點，影響評估報告則保持了沉默。不過環境保護署署長為該工程開了綠燈。紹榮鋼鐵於是向法院申請撤銷令。

　　機場管理局的代理律師提交了辯護意見，認為公眾被嚴重誤導，而撤銷環境保護署署長的決定將會對良好管治造成嚴重損害。儲油設施是急需的；撤銷令將意味着重做一份定質風險評估報告，而諮詢程序將回到「原點」，牽涉到的就不僅僅是公眾諮詢，而是環境諮詢委員會的進一步審查。這將導致嚴重的工程延誤。

　　即使本案尋求的撤銷令已經發出，上述拒絕授予救濟的抗辯理由還是非常強而有力的。但是法庭抱持堅定的立場。法庭認為只存在一個問題未予解決；其他所有的危害結果都已獲得考慮。撤銷令據此發出。

　　法庭的介入導致機場管理局在儲油設施所在地周邊採取了某些改良措施並改進了控制外泄的手段。機場管理局加建了安

全隔離牆。航油儲備場如今處於完全運轉狀態，配有加強的保護性機制。法庭的介入取得了實際成果。

保護海港協會訴行政長官

保護海港協會訴行政長官（*Society for Protection of the Harbour v Chief Executive & Others [HCAL 102/2003]*）一案關注的是另外一個大型基礎設施建設項目：中環的填海及相關工程，旨在將港島西部與待建的灣仔工程連接起來，從而形成一條跨越中環商業區的東西走廊。這些工程已在城市規劃委員會為中環準備的分區計劃大綱圖中確定下來。

這一分區規劃中存在着一個嚴重的缺陷。普遍認為，這一規劃基於對《海港保護條例》（Protection of the Harbour Ordinance）的一種誤解：城市規劃委員會在決定上述條例如何對相關工程施加限制方面適用了一種過低的標準。這一點隨着 2003 年 7 月朱芬齡法官（Chu J）頒下的一個判決而變得明朗。

結果，行政長官會同行政會議重新審查該規劃並採用了更為嚴格的標準，得出結論認為填海及相關工程仍然符合條例要求。行政長官據此決定不撤回原規劃，也不將其發回城市規劃委員會重新審查。這個於 2003 年 12 月作出的決定，成為該宗司法覆核申請的焦點。申請人訴求：（1）撤銷上述行政決定；（2）宣告分區計劃大綱圖由城市規劃委員會覆核；（3）指令暫停所有工程項目，等待城市規劃委員會的覆核結果。

　　哈特曼法官（Hartmann J）在一份構造良好的判決中認為行政長官是在其合法權力範圍內履行職責，因而拒絕授予救濟。這位法官因此沒有必要考慮所謂的司法裁量權的行使。如果確實如此，該問題就會變得非常重要，涉及多方利益。工程合約簽署已久，工程材料已備齊，工程已開工一段時間。進而，工程的任何停頓都會對灣仔的後續工程造成連鎖效應。假如法庭命令工程停工，結果會是非常嚴重的。

修正司法覆核申請：表格 86A

　　程序濫用已然採取了一種過於遲延的申請形式，要求法庭修正司法覆核申請，這一動議於原司法覆核申請經過法官單方的書面審查之後已獲批准的條件下發生。這實際上是要顛覆法官作為「守門人」的角色。

　　設想一下這種情況。你是一個農民。你來到城堡門口，帶着一籃子準備出售的蘋果和橙。守門士兵看了一下你的籃中之物，說道：「如果這就是你的所有出售物，你可以通過。」你進入城堡，出售你的貨物，然後又從口袋裏掏出一批小刀進行售賣。如果你因此被逐出城堡，你會抱怨嗎？

　　將上述場景轉換為司法覆核程序。你填寫了表格 86，指明了被告一方並提出了針對性的救濟訴求。你為這些救濟訴求提供了相應的理由。由於你申請的是單方審理程序，對方全不知情，你有責任進行完整和坦誠的信息披露。法官完全依賴你

的材料來決定是否批出司法覆核許可。你在已獲得許可的情況下（亦即你已通過了守門人的關口）還應被允許修正申請並提出另一個不同的案件嗎？

以怡邦行建築材料有限公司訴香港房屋委員會（*E. Bon Building Materials v The Hong Kong Housing Authority [HCAL 21/2003, 15/10/2004]*）一案為例，該案申請人是與房屋委員會有合約關係的工程建築材料供應商。房屋委員會決定將申請人從許可供應商的名單中移除。申請人「挑戰」了這一決定——法官使用了「挑戰」一詞——且在其表格 86 中指控房屋委員會：(1) 行為「缺乏誠信」；(2) 決定是「不合理的」；(3) 決定是以「不公平方式」作出的。申請人據此獲得了司法覆核申請的許可。

原初的程序（表格 86A）與上述申請許可的表格列出了相同的材料。該申請針對房屋委員會，而數月之後被以當事人之間的聆訊形式提交給了法官，由代理雙方的資深大律師和初級律師共同參與。在聆訊的開頭，申請人的代理律師要求修正表格 86A。缺乏誠信的指控不再針對房屋委員會，也不再指控其決定是「不合理的」。儘管使用的是「修正」一詞，但代理律師實際上完全撤回了針對房屋委員會的案件。在表格 86A 上只剩下程序不公平的指控，但這並不是本案焦點。據代理律師聲稱，真正的案件是關乎房屋署（Housing Department，房屋委員會的執行機構）工作人員缺乏誠信，該名人員準備了最終提交給房屋委員會的有關文件，而房屋委員會在作出決定時考慮了這些受到歪曲的材料。

在這些情況下，假定處於一個司法自律的程序，法官應當怎麼做呢？如今被指稱缺乏誠信與不合理行為的房屋署工作人員並未在法庭上出現。針對房屋委員會的案件事實上已被撤回，只有程序不公平的指控還留在訴狀上。法官難道不應當詢問一下申請人的代理律師：「你只要處理最後一項指控嗎？不？那麼申請就被駁回了，我現在需要就訟費問題展開聆訊了。」這樣處理的話根本不用耗費半小時。

然而，該案經歷了長達三天的聆訊，產生了一份 19 頁長的判決書，法官在判決書結尾處寫道：「我發現所指控的程序不公平與所挑戰的決定之間沒有關係。」換言之，該宗司法覆核申請已無可辯之議題。這份判決書本身無可避免是雜亂無章和含混不清的，因為它沒有真正的焦點。我們被告知（判決書第 5 段）：「修正後的表格 86A 是相對更長的文件，包括了 27 頁內容。」針對房屋委員會這個法定機構的案件在審理中變成了針對一個第三方缺乏誠信行為的案件，不再是針對房屋委員會；這個第三方並不在法庭上，沒有獲得律師的代理。如果針對房屋委員會的指控具有實質內容，需要的文字很少；這裏卻衍生了 27 頁的長篇大論。這份判決書怎麼可能避免雜亂無章和含混不清呢？

司法覆核關注的是合法性、公眾機構的權力濫用及類似的問題。如果針對房屋委員會的指控具有實質內容的話，應當是較容易總結的。

在判決書內標題為「其他事項」的一個段落裏，這位法官寫道：「為了避免任何疑問，儘管〔在判決書中〕沒有顯著表達出來，我實際上考慮了……許多不同的判例，包括來自例如印度、澳洲和加拿大的司法權區的案例，這些都是大律師們勤奮挖掘出來的。」

這位法官這麼講到底有何意思呢？他是因為沒有處理好與本案毫不相關的判例而要向大律師致歉嗎？他聲稱為了避免「疑問」，到底甚麼疑問呢？他自己沒有那麼「勤奮」嗎？如果任何一位法官聚焦於案件的真實問題，他就無需作出類似的道歉。這種面對大律師時卑躬屈膝的態度，顯示了法官缺乏真正的司法獨立並辱沒了司法機構。

有甚麼教訓值得記取呢？我覺得是：充分警覺卑劣言辭的使用；杜絕那些帶有狡猾含義的語詞。這位法官聲稱申請人「挑戰」了房屋委員會的決定。「挑戰」，這到底是甚麼意思呢？是申請人向法庭申請了針對房屋委員會的撤銷令、履行令或者其他形式的命令嗎？「其他形式」又是甚麼形式呢？如果所尋求的法庭命令真的具有法律基礎的話，用簡要陳述就能加以表達。假如它需要用上 27 頁篇幅來表達，意味着申請人根本就不存在真實案件。法庭處理的是真實問題，而不是雲裏霧裏的所謂「挑戰」。

孔允明訴社會福利署署長

另一個有意思（也令人很困擾）的案例是<u>孔允明訴社會福利署署長</u>（*Kong Yunming v Director of Social Welfare [2014] HKC 518*）一案。該案涉及時任行政長官會同行政會議於 2004年 1 月 1 日發佈的一則行政命令，要求將社會援助的申請資格期限從原來的居留一年提高至居留七年。

由社會福利署（Social Welfare Department）規管的社會服務有諸多不同的形式。本案涉及的社會服務被稱為綜合社會保障援助計劃（Comprehensive Social Security Scheme，簡稱 CSSA），該項計劃需要進行入息審查並為申請人提供生活支持。這是錯綜複雜又相互關聯之社會保障系統的其中一部分，而該系統也包括諸如無需入息審查的長者津貼和嚴重傷殘人士津貼、自力更新計劃、家庭和兒童服務等。

關於申請社會援助的居留資格問題，有一段時期需要居留滿十年才能申請。隨後這一期限被縮短為五年。這是在香港回歸之前。制度規定的目的在於控制從中國內地湧入的大量移民。1971 年，當局認為將居留期限縮短為一年是安全可控的，而這就是 2009 年張舉能法官（Andrew Cheung J）審理此案時的情況。

在一年期規則引入後的 30 年間，香港已發生了很大的變化。綜合援助計劃的開支飆升：從 1993/94 年度的 24 億港元上升至 1997/98 年度的 94 億港元，而且還在不斷攀升。而同

期來看，綜合援助計劃在整個社會福利預算中的佔比從 27%
激增到了 45%。

此外，隨着香港人口的老齡化以及許多無技術移民通過單
程證計劃（One-Way Permit Scheme）來港，每年來港新移民多
達 5 萬 5 千人，威脅着這一社會保障系統的長期可持續性。簡
言之，這一點正是張舉能法官在考慮申請人之司法覆核案時所
面臨的處境。

申請人孔允明是來自中國內地的新移民，受困於七年期資
格規則的約束。她的主要訴訟理由是，施加七年期規則的行政
命令屬於違憲，因為它侵犯了其受《基本法》兩個條款，包括
第 36 條和第 145 條所保障的權利。這兩條規定如下：

第 36 條：「香港居民有依法享受社會福利的權利。」

第 145 條：「香港特別行政區政府在原有社會福利制度的
基礎上，根據經濟條件和社會需要，自行制定其發展、改進
的政策。」

我們可以看到，第 36 條是以最為寬泛的可能性術語構
成。沒有標記出特定的權利。該條款的全部含義就是，香港特
別行政區政府必須維持一個社會福利系統。第 145 條措辭靈活
有彈性，就像人們通常在一份憲法文件中所期待的那樣。「這
一制度的改進」（"improvement of this system"）這組詞語必須
這樣來加以融通解讀：社會福利在某一方面的增加可能意味
着在另一方面的減少；只要這一改變旨在改進整體的社會福

利制度，就是符合了第 145 條。設計一種確保社會福利制度長期可持續性的新政策，完全是政府行政分支的工作，並受到負責分配有關資助的立法會監督。明乎此，張舉能法官得出結論如下：

> 如前所述，從《基本法》所承認的香港社會福利制度的居留期限條件的前提出發，居留期限的增加只是一個程度問題，而且屬於政府享有自由裁量權的範疇。儘管居留期限從一年擴展至七年無疑是實質性的（即使不屬劇烈的話），我依然認為綜合來看，這不是法庭適合介入的問題，法庭並未獲得憲法授權及制度上的配備。簡言之，這是政府官員和政治家的政治問題，而不是法庭和法官的問題。尤其是當案件背景僅僅是社會和經濟狀態及其需求時更是如此。

> 司法覆核申請因此被駁回。

本質上，上訴庭採取了和張舉能法官相同的分析路徑，並支持了原審判決。

終審法院中的孔允明案

然而，令人驚奇的是，終審法院使出了一個魔術師詭計；它從帽子裏變出了一隻兔子。終審法院多數認為《基本法》第 36 條所保障的不是社會福利的一般性權利（白紙黑字本來說的很清楚），而是 1997 年香港回歸時所保障的社會福利的特定權

利，當時的社會援助申請門檻僅為一年。這就是將一種未命名的權利（innominate right）轉變成了一種特定權利。陳弘毅教授在《香港法律雜誌》（*Hong Kong Law Journal*）的一篇文章開玩笑地稱之為「一種非凡的創見」（"a stroke of genius"）。

借用了對第 36 條的創造性解釋，終審法院開始使用一種「比例分析」以確認綜合援助計劃（已被政府證明合法）是否符合該分析的規範要求。這些規範來自設於斯特拉斯堡的歐洲人權法院。分析的起點是：終審法院聲稱，新的七年居留條件是對《基本法》第 36 條所保障之權利的一種限制；負擔因此落在政府身上，它需要證成這一限制。終審法院認為政府沒有闡明任何據以證成該限制的理由：七年居留條件並不能追求到一個正當的社會目的；該限制與行政目的的達成之間不具有合理關聯；政府提出的理由：即限制的目的在於控制福利開支以確保社會福利制度的長期可持續性，這一點並未被充分闡明。因此，終審法院撤銷了下級法院的判決，宣告七年期條件違憲，並恢復了原來存在的一年期居留條件。

非常任大法官包致金（Bokhary NPJ）沒有參與到這一魔術詭計當中。他的關注點是第 145 條而不是第 36 條，並承認該條授予的只是一種關於社會服務的一般性權利。

他提到了這個事實：即在《基本法》1990 年 4 月頒佈時，一年期居留條件已經存在。因此當第 145 條提及「原有社會福利制度」時，顯然是包括綜合援助計劃下的一年期居留條件，而七年期條件則構成了一種新的制度發展。

第 145 條同樣提到「根據經濟狀況和社會需要發展和改進
這一制度」，包致金聲稱「一種嚴重的經濟下滑」或可證成這一
新的限制；不可能再弱化了。他進一步說道：「如果第 145 條
比以上講的還要缺乏保護性，它就沒有多少實際作用了。」從
終審法院法官的角度而言，這一觀察不屬於具有約束力的判決
陳述，且走得太遠了。平心而論，政府行政分支採取新的政策
倡議來處理預算問題的具體範圍，應當具有合理的靈活性，而
不應受到法庭阻礙。公眾利益需求若此。不過從本質上看，非
常任大法官包致金的分析路徑相比多數法官的路徑更為可取，
因為它至少沒有侵損《基本法》的文義。

終審法院命令「恢復原來的一年期居留條件」是另一個問
題，它使得政府完全失去管治的靈活性。表面來看，該命令的
影響在於牢固設定了一年期條件。這是司法機構對行政機構施
加的一種無根據的限制。終審法院這樣做打破了憲制平衡。
正如張舉能法官在原審判決中所言，一年期規則是一個程度問
題；它處於政府管治的範疇，涉及一系列的社會和經濟因素；
這些因素不是司法事務，「不是法庭適合介入的問題，法庭並
未獲得憲法授權及制度上的配備……」。簡言之，終審法院已
經超越了自身的憲法界限。

結論

用香港律政司手冊中的語言，通過將法官視野置於管治者
肩上，我們能夠得出怎樣的結論呢？它有助於還是有害於良好

管治呢？有兩個領域值得關注：

(1) 除非法庭自身準備好了堅持合理的自律，律師們就仍然會繼續濫用司法覆核制度；相關司法程序將繼續陷入混亂及不必要的延宕，而良好管治將會遭受損害。

(2) 終審法院對理論規範（移植自歐洲的人權法理學）的擁抱，導致其對社會實際需求喪失敏感度，如孔允明案所示，終審法院超越了自身的憲法界限。

第五章

損害法律系統的掠奪者

導言

　　有一個時期，距今並不特別久遠，當時英國的國家領導人持有一種關於世界的「歐洲中心論」(Euro-centric) 觀點。他們將世界的這一部分稱之為「遠東」(Far East)。英國前任首相哈羅德・麥美倫 (Harold Macmillan) 於 1960 年 2 月在南非議會發佈演講，聲稱：「2,000 年前，整個文明世界都包括在羅馬帝國的版圖之內。」這不是出於無知的言論。他一定知道，2,000 年前，高度進化與高度文明化的社會已在全球範圍內存在，其中一些社會顯然超出了羅馬帝國的版圖。這是一種心智習慣，導致了上述的語調，根源是一種歐洲中心論的世界觀。

　　這種心智習慣今天還流行嗎？我不能籠統回答這一問題。我的關注點要狹窄許多，限定於由高級法院判決演化而來的法律：在那裏我看到了一種最為惱人的趨勢，傾向於擁抱「歐洲法理學」(European Jurisprudence) 作為我們法律的一部分。這

是與《中英聯合聲明》及《基本法》所設定的香港特別行政區法律系統相違背的。這一趨勢的高潮就是終審法院近來的一個判決，如本文之後分析那樣，該判決嚴重削弱了香港的高度自治。

這不是一種我們期待香港媒體能捕捉得到的趨勢，因為，該趨勢與另外一個趨勢結伴而行：高級法院給出的判決錯綜複雜、含糊不清且冗餘不已。

避免公眾批判的一個肯定方式就是使判決陳述過於模糊及冗長，從而簡單挫敗批評者。除了「我並不理解它」之外，人們還能說甚麼呢？

我並不是在說法庭刻意取得了這樣的結果。但這是縱容上述兩種趨勢猖獗滋長的後果，它們就像同伴掠食者一樣。

這是法官屈從於大律師觀點的後果，那些大律師一次又一次地在脆弱不堪的基礎上建立起豐碑式的觀點。一旦大律師們使用來自歐洲的案例，例如為了使其觀點妙趣橫生而引用歐洲人權法院的判例，法官們就覺得有義務加以處理。含混性與原本的含混性相互疊加。今天還有誰有時間去閱讀、研究並試圖理解一份充斥着令人麻木的引證、教義、理論和細枝末節之考證的 60 頁判決？我還要加一條，甚至不能被翻譯成中文。結果就造成一個脫離其預期要服務之社會的法律系統：時任終審法院首席大法官在 2017 法律年度開啟典禮上作出了自我掩飾的致辭：「法律的目的在於便利社會的正常運轉……並達成一種相互尊重及彼此和諧的共識……。」

歐洲法理學

為香港特別行政區設置的法律是普通法：《基本法》第 8 條。如《基本法》第 5 條規定，普通法是「資本主義制度和生活方式」的基石。

《基本法》的這些關鍵性條款如實遵循了 1984 年 12 月的《中英聯合聲明》，該《聲明》設定了從 1997 年 7 月 1 日開始的為期 50 年香港未來框架。當中英兩個主權體在 1983 年初就香港未來問題展開協商談判時，普通法在每個人的心目中的形象一致：一個理性的系統、聚焦於法律救濟、很大程度上基於常識、易於理解。普通法服務香港社會已超過一個世紀。因此它獲得人們信任並被引入《基本法》作為香港特別行政區的法律制度。

在英語世界演化而成的普通法制度與主導諸多歐洲國家的大陸法律制度有着很大的差異。

歐洲法理學毫無疑問屬於「外國法」（foreign law）。《證據條例》（Evidence Ordinance）第 59 條提醒律師們和法官們，如果一方當事人依賴外國法，他就必須通過專家證據「像證明事實一樣證明其內容」。換言之，歐洲法理學不能被「移植」而被視同香港本地法律的一部分。

在許多年裏，存在這樣一個緩慢推進的趨勢，即忽視《證據條例》第 59 條的要求，將歐洲人權法理學直接「移植」到香港的法律系統中。時間因素妨礙了我審視這一趨勢是如何具體發生的，那個故事將會在其他地方加以講述。

可以指出的是，這一緩慢趨勢如今已演變成一種如潮水般的巨浪。它在法律系統中某些部分已佔據壓倒性的比例，並帶來災難性的後果。這一後果的責任必須歸到法律界的門前，以及一瘸一拐追隨其後的法院。

潮水般的巨浪

以下舉終審法院的一個判決為例：希慎興業有限公司訴城市規劃委員會 (*Hysan Development Co. Ltd & Others v Town Planning Board [CACV 232/2012]*) 一案，顯示了上述司法趨勢的高潮所在。

案件於一個常規流程開始：對城市規劃委員會準備的關於灣仔和銅鑼灣的分區計劃大綱圖存在一些反對意見，而城市規劃委員會對此作出了一個決定。司法覆核在高院原訟庭提出，隨後在上訴庭展開，後者於 2014 年 11 月作出判決。案件最終訴至終審法院。其結果特別令人矚目，後面將會呈現。

只存在兩個基本的城市規劃問題：高空建設區域的空氣流通以及街道區域的行人流動。

很自然地，城市規劃委員會依賴專家分析和報告作出決定，確定有關建築物在未來應當基於公眾利益並考慮到業主的財產權而接受甚麼樣的限制。這些並非法庭具備專長的領域。如果限定於案件的真實議題，很難想像在法庭上有何可供辯論。

這正是原訟庭芮安牟法官（Justice Reyes）就業主一方的代理律師意見而給出的看法：

　　　　[律師]書面提交的材料長達 100 頁⋯⋯是以一種混亂、散漫和重複的方式寫成的。實際而言，不可能對 [律師]書面材料中發現的無數細碎問題逐一處理⋯⋯

　　在同一份判決中，芮安牟法官提醒律師們關注其在《高等法院規則》第 1A 規則下的職責：

　　　　⋯⋯雙方當事人具有責任協助法庭（依據《高等法院規則》第 1A 規則）理解案件的真實問題並以一種有效率的方式解決[它們]。雙方當事人均有責任以一種公平、簡潔和有力的方式呈現各自的案件立場。如前所述，希慎公司的書面材料冗長而散漫。我並不認為這些材料對於提煉出當事人之間的真實問題有任何幫助⋯⋯希慎公司提交了八個文件夾的材料。實在是太多了⋯⋯

　　這是一位高院法官對法律界的告誡，不可能有比它更清晰的了。然而大律師們似乎完全不在乎。在上訴庭，交織進大律師們材料範疇的是由位於法國斯特拉斯堡的歐洲人權法院裁決的無數案例：*Sporrang & Lonnwroth v Sweden, Chapman v United Kingdom, Marckx v Belgium, JA Dye (Oxford) Ltd v United Kingdom, Jahn v Germany* 等。上訴庭覺得要對大律師們表示「尊重」（deference）。因此這些案例被長篇大論地討論。他們關注《歐洲人權公約第一議定書》第 1 條，該條款在香港

根本就不適用。其中一個案例（*Chapman v United Kingdom*）處理的是針對吉卜賽大篷車的一個執法通知。

在英格蘭農村綠化與休閒田園停放的一輛吉卜賽大篷車與灣仔的空氣流通及行人流動到底有甚麼關係？上訴庭認為（判決第 86 段）*Chapman* 案對大律師的觀點沒有推進作用：以上提及的任何一個案例也沒有任何用處。那為甚麼還要討論它們呢？

判決書第 81 段告訴人們，*Sporrang & Lonnwroth v Sweden* 案涉及對《歐洲人權公約第一議定書》第 1 條的分析，且斯特拉斯堡法院認為該條款「包含了三個獨立規則」（"comprised three distinct rules"）。上訴庭隨後對這三個規則進行了細緻審查。

那些歐洲「規則」到底與香港的城市規劃有何關係？

上訴庭在其結論陳述中顯然還沒有發現反諷之處：

> 我們不能贊同［律師］的意見，以為在當前環境下人們可以將 *Sporrang* 案的法理學簡單移植到香港，而不去考慮《第一議定書》第 1 條與《基本法》第 105 條文字的實質性差異……

不過在另一個訴至高等法院開展司法覆核的城市規劃案例——城市規劃委員會訴東展有限公司（*Town Planning Board v Oriental Generation Ltd [CACV 127/2012]*）——中，上訴庭（與

希慎公司案的組成不同）作出了相同的司法陳述：「未經考慮不同法律系統的實質性差異」而將《第一議定書》第1條的歐洲法理學「整體移植」（"wholesale transplant"）到香港是不「恰當」的。

整體移植？在香港特別行政區憲制安排下，將歐洲法理學「移植」到香港法當中的觀念到底從哪裏產生呢？《基本法》第18條說得再清楚不過：「在香港特別行政區實行的法律為本法以及本法第8條規定的香港原有法律和香港特別行政區立法機關制定的法律。」僅此而已。

《基本法》第84條繼續規定，香港法院「依照本法第18條所規定的適用於香港特別行政區的法律審判案件，其他普通法適用地區的司法判例可作參考。」的確，普通法，而不是歐洲法。法院將歐洲法理學當作香港特別行政區已接受之法律的一部分來對待，這是違背憲法的。

隨後我們會看到，對歐洲法理學的這一「移植」並不限於高等法院上訴庭。這一做法抵達了香港最高司法機構：終審法院。這一發展以及法律錯誤適用所累積的結果，導致在香港已平穩運行數十年的合理城市規劃制度日益陷入令人困惑的複雜迷宮之中。這導致了整個程序嚴重拖延，必然帶來發展成本的飆升。

簡單看一下東展公司案。該案涉及牛頭角一個眾所周知的地標建築：舊啟德大廈（Kai Tak Mansion）的重建問題。案情

開始於 2012 年 2 月，當時城市規劃委員會否決了業主對該地區之分區計劃大綱圖的反對意見。該案最終由終審法院判決，在 2016 年 9 月結案，法院要求城市規劃委員會重新考慮其規劃決定。又回到了原點。陷入了訴訟程序四年多，還不知後續會有多長。法律費用花費數以千萬。得到了甚麼結果呢？這一過程改善了公共管治或增進了對法律的信任嗎？抑或激發了時任終審法院首席大法官在 2017 年法律年度開啟典禮致辭上所稱的「相互的尊重感」嗎？

合理的城市規劃體制如何被法庭毀掉？

香港的市區是地球上最為擁擠的地方之一。

毋庸諱言，為了維護社會的健康、安全、便利和普遍福利，必須存在適當的城市規劃。實際上，這正是《城市規劃條例》第 3(1) 條所規定的。這一重要的職能被授權予一個法定機構，即城市規劃委員會，它在行政長官指示下隨時為特定地區制定分區計劃大綱圖（outline zoning plans, OZPs）。該委員會首先要發佈相關區域的規劃草案，展示為最佳達成《城市規劃條例》之廣泛目標而擬定的規劃圖、建築類型及其他規劃條件。

該委員會由專業人士、公務員及學者組成，他們需具備在城市規劃及相關學科的專業經驗。

《城市規劃條例》規定了業主及其他人提出反對意見的程序；條例要求城市規劃委員會舉行相關會議聽取這些利益團

體的意見。可能會存在大量反對者，其中或會有相互衝突的觀點：例如，限制業主 X 的建築物高度可能得到業主 Y 的歡迎。能改善城市環境以達到公眾利益的發展（例如擴大路面）的限制，有可能損害到某個業主的利益。因此該委員會的工作就是權衡各種競爭性利益並得出一種合理的觀點，而且始終牢記該法定計劃的整體目標：維護社會的健康、安全、便利與普遍福利。

這份規劃草案或許會因提出的反對意見而作出修訂，隨後呈交給行政長官會同行政會議。一旦獲得批准，該規劃就會成為與指定地區事務相關的公職人員行使權力與進行裁量執法的標準。這是一個理性、合理與民主的過程。

《城市規劃條例》在 1988 年進行過重要的修訂。那是 30 年前的事了。從那時起，在該條例建立的規劃體制下，無數地產發展項目得以完成，根本不存在對該法定體制的挑戰，直到近年出現了變化。

我許多年都擔任着城市規劃上訴委員會的主席。那是 20 多年前的事了。我非常近距離地牽涉進了這一系統的運作之中。這裏有着活的普通法：有可觀的公眾參與、對社會的有效服務，毫無遲延。那時存在許多處於殘破狀態的舊建築物，已走過了它們的經濟生命週期。這套規劃體制確保香港的市區更新能夠以一種合理的節奏前進。

建升公司案：律師們的攻擊先鋒

在 2011 年發生了一個重大的變化，當時長江集團 (Cheung Kong Holdings) 旗下的一家全資子公司建升有限公司 (Turbo Top Ltd.) 反對其所在區域的分區計劃大綱圖草案，其中就包括了長江集團中心的選址：即之前的是舊希爾頓酒店、拱北行 (Beaconsfield House) 以及花園道公眾停車場之處。除了其他事項，規劃草案要求該地址的任何未來重建必須提供 800 個公眾停車位。長江集團在為這個目的而舉行的一次公眾聽證會上反對這一附加條件。當然，此次聽證會還有其他各方參加，其中一些人支持在該區域設置公眾停車場。無論如何，城市規劃委員會否決了長江集團的反對意見。該爭議隨後訴至高等法院，司法覆核程序啟動。

當律師們介入後，長江集團的案件就改變了路線。它不再是對上述規劃條件作出反對。由代理律師呈交的案件直抵香港城市規劃法定體制的核心。代理律師的觀點是這樣的：《城市規劃條例》第 3(1) 條和 4(1) 條授予城市規劃委員會起草「任何區域規劃圖」之計劃的權力，但該項授權並不允許城市規劃委員會「微觀管理」(micro-manage) 未來發展：因此，如代理律師提交的意見所言，800 個停車位的要求超出了城市規劃委員會的合法權限。這一主張被芮安牟法官 (Mr. Justice Reyes) 所否決。他援引直截了當的普通法原則，在其頗堪稱頌的簡明判決中，宣稱合理制定的《城市規劃條例》允許城市規劃委員會施加停車場的特定要求。

　　暫停一下，似乎很奇怪，長江集團作為香港領先的地產開發商之一，竟然發動了上述針對規劃體制的攻擊。假如他們的律師觀點取勝的話，就會要求立法會對《城市規劃條例》進行一種極端的修訂；或者，大量的分區計劃大綱圖就需要進行修訂。在任何一種情形下，香港數百處的地盤都會受到影響，當中無疑也包括長江集團自己的地盤。正在進行中的建築項目也將受到嚴重拖延。

　　那些律師們認為此舉可以為他們的客戶爭取到甚麼利益呢？事實上後來沒有出現針對芮安牟法官判決的上訴。這一結果，或許是因為長江集團的管理層在現實面前覺醒了，並指示其律師們不要再將這種法律遊戲延伸到上訴程序之中嗎？

攻擊的升級

　　芮安牟法官對律師社會責任的告誡根本沒有被聽取，反而針對城市規劃法定體制的攻擊繼續升級。

　　在 2010 年 11 月到 2011 年 10 月期間，城市規劃委員會相繼發佈了牛頭角地區和九龍灣地區的分區計劃大綱圖草案。如前所述，這些規劃影響到啟德大廈所在的土地。那是一座殘破的七層建築物，其上有着許多住宅，地下是一些零售商店。它佔據了一大片土地，超過 5,700 平方米。它的重建機會已完全成熟。鄰近這一地段的是一些列入保護範圍的建築物和一所小學，使得舊樓重建變得困難。

發展商提交了相應的建設計劃，其中包括兩座 55 層高的住宅，座落在有 7 層的平台上。這些計劃因不符合分區計劃大綱圖以及其他一些原因而被建築署 (Building Authority) 否決。

分區計劃大綱圖對此地盤建設的限制如下：(1) 建築高度限制；(2) 部分規劃邊界以內有 10 米為非建築區；(3) 地盤中心留有 20 米建築間隔。

對這些限制提出反對意見後，發展商和城市規劃委員會之間舉行過許多次對話。最終，城市規劃委員會決定不放寬上述有關限制。這就導致了發展商向高等法院申請司法覆核：即前述的東展有限公司訴城市規劃委員會 (*HCAL62/2011*) 一案。

該案最主要的議題是建築高度限制。

規劃署的政策被一種所謂的「階梯式建築高度概念」("steeped building height concept") 所主導，要求該區域的建築高度向東和向北「逐級」提升，從九龍灣指向佐敦谷，以沿着特定的有利區點保護九龍山脊線。為了整體社會的利益，大多數人都會同意，當我們跨海相望時，飛鵝山、獅子山以及其間的天際線不應當被高層建築物隔斷。如何實現這一點，需要的不是法律，而是建築和規劃。律師們在這場辯論上無所貢獻。正如原審法官芮安牟所言，如何將階梯式建築高度概念最佳適用到特定規劃區內的建築「階梯」之中，完全是一個美學判斷問題。當中不涉及甚麼法律。

然而該案卻遇到了波折。在芮安牟法官面前，城市規劃委員會的代理律師們出人意料地接受了業主方代理律師緊急提出的一個所謂原則：建築高度限制不應阻止發展商充分利用該地盤存在的地積比率（plot ratio）和總建築樓面面積（gross floor area）。而城市規劃委員會手頭沒有甚麼材料足以反駁這一假設性原則。因此芮安牟法官覺得不得不作出有利於發展商的裁決。城市規劃委員會的決定被撤銷，有關問題被發回雙方重新考慮。

　　這裏暫停一下：很奇怪，城市規劃委員會的代理律師（由律政司指定）竟然接受了這個**原則問題**，即發展商有絕對權利充分利用相關地盤的地積比率和總建築樓面面積。這個「原則」從哪裏來的？顯然不可能來自規管這些事務的制定法——《城市規劃條例》。

　　城市規劃委員會的依法決定是要促進社會的健康、安全、便利和普遍福利：即該條例第 3(1) 條。發展商顯然是社會的一部分。城市規劃委員會當然必須考慮到發展商的利益；因而發展商利用該地盤之地積比率和總建築樓面面積的能力就是一個相關考慮。僅此而已。但將這一因素建立為一個**剛性的原則問題**，顯然是錯誤的。

　　似乎芮安牟法官並沒有完全接受城市規劃委員會一方律師的讓步。他在判決的第 76 段寫道：「……對特定地盤施加限制的負擔，這類決定必須得到強而有力證據支持，即有關措施可以被合理認定為對達成一個特定的規劃目標為必要的。顯然，在評估甚麼是合理必要之措施時，一種寬泛的認知負擔必須加

諸城市規劃委員會身上。無論如何，所提及的財產權利的限制越大，證成城市規劃委員會所需的證據就越強。」

這位法官制定的上述陳述，包含了非常經典的普通法原則。它來自於對這一部授權性條例的平衡分析。它與城市規劃委員會一方律師所作出的讓步是有分別的。

進一步的發展

這場爭議沒有回到城市規劃委員會。相反，它被訴至上訴庭。兩年半之後（即 2014 年 11 月 13 日），上訴庭頒下了判決。這份判決長達 52 頁（156 段）。

希慎興業有限公司訴城市規劃委員會

為了理解上訴庭對於啟德大廈案的判決，有必要深挖並回溯希慎興業有限公司（*HCAL 38/2011*）一案。

如前所述，該案涉及銅鑼灣和灣仔的分區計劃大綱圖草案。如草案所示，城市規劃委員會對該區域發展施加了若干限制。儘管有業主反對，城市規劃委員會仍然維持了那些限制。這些限制是為了在相關的擁擠區域維持良好空氣流通和行人流動：這些都是《城市規劃條例》範圍內的合法目標。可以這樣說，通過強化周邊的環境舒適度，這類限制有利於業主們的長期利益。

雖然希慎公司作出反對，但城市規劃委員會在最終決定維持相關限制之前，曾經對風的流動及行人交通進行了大量研究。

　　如前所述，爭議被訴至高等法院，尋求司法覆核。主審法官將律師的書面材料歸結為混亂、散漫和重複。提交給法庭的希慎公司案是這樣的：城市規劃委員會超越職權，「不合理、非理性、專斷，其決定建立在對相關事實的錯誤理解基礎上」；且它還在執行上「不公平，放棄履行其適當的法定職責」。七宗致死罪行互相積壓！

　　解決問題存在多少種方式呢？假如城市規劃委員會合理地履行了其法定職責，假如它不曾「放棄」職責，又怎麼能說它是不合理、非理性、專斷之類呢？法官在其清晰制定的判決書中處理了這些相關論點。在判決書的結尾，法官寫道：「……把相同的觀點以無數方式重複表述，對法庭沒有幫助。任何重複或重新包裝的操作也不能夠改善無效的觀點……」

　　除了一個微不足道的問題，希慎公司的司法覆核申請被完全駁回。

希慎公司的上訴：律師啟動修辭術

　　希慎公司就芮安牟法官的判決上訴至高等法院上訴庭。資深大律師在上訴庭提出了一種他自稱在原訟庭不會提出的觀點。該觀點是這樣的：對相關區域的限制構成了一種「財產剝

奪」，抵觸了《基本法》第 6 條和第 105 條：因而將觀點提升到了憲法層面，遠離了本案的真實議題：即在擁擠的灣仔和銅鑼灣保持空氣流通和行人流動。

《基本法》第 6 條和第 105 條

這兩條規定如下：

第 6 條：「香港特別行政區依法保護私有財產權。」

第 105 條：「香港特別行政區依法保護私人和法人財產的取得、使用、處置和繼承的權利，以及依法徵用私人和法人財產時被徵用財產的所有人得到補償的權利。」

我們看到，第 6 條和第 105 條的義務落在香港特別行政區身上。城市規劃委員會不是香港特別行政區。它只是香港特別行政區整個政府機器中的一個非常小的齒輪。

整體上，《基本法》是香港特別行政區的憲制性文件：它為管治香港特別行政區的法律設定規範。它並不設定為適用於小型政府機構如城市規劃委員會的一系列行政規則。

在《基本法》下，香港居民的眾多權利得到保障。其中就包括財產權。根據《基本法》的規定，香港的法律必須保障這些權利。這就是《基本法》有關條款的作用：包括第 6 條和第 105 條。

當然，財產權在普通法下獲得保護。可以這樣說，財產權就是普通法的寶貝。因此，無論有否造成損害，只要你的鄰居膽敢未經允許踏足你的土地，你就可以訴其非法侵入。

《基本法》第 6 條和第 105 條關注的就是財產權。僅此而已。一輛車是財產，一瓶威士忌酒也是財產。一支槍、一隻活雞或一罐軟性飲品都是財產。如果這些事物的保有、使用或消費需要規制的話，就應當通過立法機構立法或附屬立法，在行政層面處理。

諸如《基本法》這種憲制性法律規制的是更高層次的事務。平白而言，《基本法》第 6 條和第 105 條並不是設計以規制某個法定機構（例如城市規劃委員會）之行為的，而城市規劃委員會就有自己的規制性法律——《城市規劃條例》。

當希慎公司的代理律師在原審法官芮安牟面前明確否認依賴《基本法》第 6 條和第 105 條時，他顯然是對的。

如前所述，芮安牟法官據以裁判的普通法原則如下：對財產權的限制越大，證成城市規劃委員會決定的證據就必須越強。當財產所有人的利益與例如空氣流通、行人流動這樣的公眾利益發生衝突時，上述原則就將其置於非常有利的地位。故律師為甚麼要用某種奇異的法律來遏制普通法呢？

然而這正是律師在上訴庭試圖要做的事。我們會發現，上訴庭判決書用了 16 頁篇幅，從第 43 段到第 89 段，窮於應付律師提出有關《基本法》第 6 條和第 105 條的觀點，以及前面

提到的諸如瑞典案、德國案、吉卜賽大篷車案等。如上訴庭自己也承認，法庭討論迷失了方向。判決書第 87 段寫道：「……在我們面前不存在針對城市規劃委員會的系統性挑戰。因此，嚴格而言，我們沒有必要去決定關於公正平衡的歐洲法理學（在系統層面經過檢驗）是否內在於《基本法》第 105 條的『法律』概念之中。」

那麼，到底為甚麼要討論它呢？

在判決的結尾，上訴庭同意原審芮安牟法官的意見：單純基於公眾利益的分區規劃導致的財產價值受損的事實，不附帶其他條件，則達不到違反《基本法》非法剝奪財產的程度。業主持有的財產受制於一項隱含的條件：基於公眾利益，政府可以通過規制方式對土地的未來用途進行限制。

這本是直白的常識。就像政府可以規制土地使用一樣，政府也可以規制汽車或槍械的使用、活雞的保有、軟性飲品的消費抑或其他方面的「財產」——這些規制總是受制於普通法原則施加的限制。那些普通法原則在人權法內容中是處於高位的。

終審法院

東展公司案（啟德大廈案）和希慎興業公司案這兩宗案件都進一步上訴到終審法院。它們被併案聆訊。這一次，有關空氣流通和行人流動的問題被長期遺忘了。上訴轉向了完全理論

化的分析，牽涉無數的「權威案例」。判決於 2016 年 9 月頒下。

終審法院認為，兩宗案件中的兩個上訴庭都出錯了：《基本法》第 6 條和第 105 條與所涉案件相關。這就導致了隨後對歐洲人權法大量案例以及歐洲環境中相關原則分析的處理。

最終結果是，有關爭議被發回城市規劃委員會，該會必須根據終審法院判決的指示重新考慮其決定。

城市規劃委員會的委員們一定會在完全迷惑中狂撓頭皮。他們要怎麼對待這份判決呢？判決長達 144 段，充斥着歐洲法理學和關於歐洲人權法的學術討論。

以下就是終審法院對該議題的引介：

> 希慎興業公司案和東展公司案都未能獲得成功的法庭對抗⋯⋯有關的規劃限制代表了一種不成比例因而在憲法上侵犯了財產權的行為，抵觸了《基本法》第 6 條和第 105 條。儘管財產所有人基於傳統的司法覆核理由成功推動撤銷城市規劃委員會的有關決定，但他們仍尋求上訴至本院以解決憲法問題，確保一旦城市規劃委員會重新考慮其有關的限制性決定時，可以得到本院關於《基本法》第 6 條和第 105 條之相關性和適用性的指導（guidance）。

關於第 6 條和第 105 條的「指導」？城市規劃委員會委員們為甚麼需要這樣的指導？

一言以蔽之的議題

這裏暫停一下。按照終審法院的說法，所謂的案件議題，一言以蔽之就是那些規劃限制是否代表了一種對財產所有人權利（由斯特拉斯堡法院的規範和價值加以裁斷）的不合比例侵犯：這個議題在普通法原則下向來很容易解決，數十年來都是這樣解決的。所以為甚麼要將該議題提升到憲法領域呢？為甚麼要將歐洲法引入司法程序呢？

人們閱讀終審法院的這份判決，會有一種震驚感。該判決提出了一個根本性的問題：終審法院給出的法律符合香港特別行政區的憲制目的嗎？

與上訴庭六位法官的意見不同，終審法院認為在決定城市規劃委員會施加之有關規劃限制是否「不合比例」時，《基本法》第 6 條和第 105 條是相關的。這就將有關規劃限制置於終審法院所謂的「比例分析」框架中，從而牽涉到歐洲法理學的研究和適用。

以下是終審法院提給自己的三個問題之一：「……本院在處理類似當前案件的比例評估時，應該適用甚麼樣的標準或測試法呢？在此環境下，關於《歐洲人權公約第一議定書》第 1 條的歐洲人權法院的法理學有用嗎？」

終審法院自問自答如下：是的，歐洲人權法院的法理學有協助作用；更進一步，是的，歐洲人權法院的標準或測試法在香港也是相關的。換言之，通過終審法院對《基本法》第 6 條

和第 105 條之解釋，斯特拉斯堡法院的規範與價值得以支配城市規劃委員會的運作。城市規劃委員會的委員們必定會在完全懷疑的情況下頻頻搖頭。

故事的最終曲折

不過（這就是故事的最終曲折）正如終審法院自己承認，並不存在需要由終審法院加以考慮的「現存規劃限制」，因為業主們已經在下級法院基於傳統的司法覆核理由成功推動撤銷城市規劃委員會的有關決定：這被終審法院描述為司法程序中的一個「實質性缺陷」（material flaw）。因此終審法院裏整個司法實踐就純粹是學術性的。

那麼根據終審法院的判決，城市規劃委員會現在該怎樣作出不同的決定呢？終審法院判決第 126 段似乎同意了原審芮安牟法官採納的分析路徑：「正如芮安牟法官在東展公司案判決中所言，規劃是一個整體的過程，牽涉到諸多因素的平衡。分區計劃大綱圖草案及個人規劃限制條件是由制定法創設的機制下通過決策過程產生的結果，有關程序的目的在於確保經公眾諮詢、利益相關方諮詢以及相關專家的意見投入之後，可以對競爭性觀點進行通盤考慮。規劃決定是為整個地區而作出的，不只是為了眼前訴訟當事人的地盤……」

實際上，終審法院隨後聲稱，它將在光譜的極端附近選擇聽審案件（城市規劃委員會的決定「顯然不具有合理基礎」之

處），這是法庭介入的界限。

如果城市規劃委員會對此案的路徑確實存在「實質性缺陷」，它們應當已經在上訴審中被糾正了。芮安牟法官在處理該案時適用了普通法原則，得出了通俗易懂的結論。終審法院為甚麼不去簡單支持他的路徑，以維護法律的清晰性和完整性呢？

最後的反諷在於：終審法院在其判決書結論性的第 142 段寫道：「我們認為如下情形是非常不可能的，即施加規劃限制的城市規劃委員會的決定是合法的並符合**傳統**司法覆核之原則，但卻易受到憲法審查的影響，除非有關措施是例外地不合理。」

那麼這又是甚麼意思呢？

終審法院的判決不只在實踐上毫無用處、常人無法理解、也不可能被翻譯成中文，而且如下文所示，它還嚴重損害了香港的高度自治。

香港的高度自治

香港的高度自治在很大程度上取決於這個事實：本地事務只由香港法律規管，發生糾紛時只由特區法院裁決。通過城市規劃程序對土地適用施加的任何合法限制，非常清楚地屬於本地事務。北京的中央政府機構對此沒有可以扮演的角色。

當涉及憲法事務時，情形就不同了。《基本法》的最終解釋權屬於全國人大常委會：《基本法》第 158 條。

只要對土地用途限制的事務以本地法律處理，全國人大常委會就不會介入。但如果爭議被建立為一個憲法問題，就會涉及對《基本法》的解釋：根據終審法院的判決，就涉及到《基本法》第 6 條和第 105 條。這就潛在地引入了全國人大常委會管轄權的問題。

如果全國人大常委會對《基本法》第 6 條和第 105 條的觀點與上訴庭六位法官一致而不同意終審法院的解釋，那會如何呢？在此範圍內，終審法院就香港經濟和社會生活的一個重要領域中，對香港的高度自治造成了嚴重的削弱。如前所述，《基本法》的那些條款處理的不僅是土地財產，而是一切財產。終審法院判決的含義遠遠超出了土地本身；它觸及了「財產」含義的一切方面。

悄悄地移植外國法

終審法院在其案件分析路徑中似乎沒有經歷甚麼不適：通過使用歐洲人權法理學，富裕的大公司業主可以遏制香港普通人的利益，貶低其享受清新空氣與安全街道的權利。

而危險就在於：無論怎樣看，終審法院這個很有問題的司法路徑，竟然可以非常快速地被香港法理學所接受。在終審法院近期的一個案例中仍可見證這一點：<u>郭卓堅訴政制及內地</u>

事務局局長（*Kwok Cheuk Kin v Secretary for Constitutional and Mainland Affairs FACV 12/2016, 11/7/2017*）一案。終審法院在該案中援引了「希慎興業公司案中對比例分析的近期研究」，並聲稱該分析涉及四個步驟——其中三個步驟來自歐洲法理學，還有一個步驟是由終審法院自創的，儼如這類「研究」是終審法院的常規事務。

終審法院對香港特區基本憲制安排的激進偏離（《基本法》第 8 條和第 18 條）可以被其司法修辭所輕易掩蓋。

結論

基於眾所周知的普通法原則而合理有效運行的城市規劃制度，如今已因終審法院對律師詭辯術的接納而陷入無比混亂之中。整個社會承受的代價無法估量。其負面影響將會被廣泛感受到。

不限於城市規劃領域的歐洲法理學如今已被「移植」而成為香港法律的一部分，這與《基本法》條款相抵觸。終審法院以合憲性審查之名，行違憲司法之實。

如今，人們期待熟知歐洲案例法的律師援引更多歐洲案例。其結果是，法律系統將變得更加臃腫。

終審法院本有機會支持芮安牟法官判決中關於城市規劃的那種簡明有力的司法路徑，適用普通法原則，並在該領域建立

領導地位：通過強調法律的簡潔性和清晰性。這將可以使法律與時代節奏並進：與香港作為一個高效的國際金融中心地位相配合。相反，司法機構卻被視為只在自己的僵化儀式中運轉，遠離人民的生活，只會處理理論和詭辯，毫不在意社會的真實關切。法律虛浮得像是空中樓閣，只通過虛幻而不可見的絲線與地上的人際衝突相聯繫。

　　受理上訴的法院以違反《基本法》的方式搞亂普通法原則，在 2047 年日益逼近的情況下預示着整個社會的病態。很久之前的問題又會再次出現，就像 1983 年的香港一樣：香港的未來會甚樣？它到底是會被吸收轉化為中國南部海岸上的一個普通小城市，還是會繼續享有高度自治，並在普通法下保有其自身的制度和生活方式？這一次，香港只能靠自己了。它不會再有一個主權體（英國）為延續其制度和生活方式作出主張了。自回歸以來，香港特區領導人就被要求對其管治問責。就法律而言，問題在於：它還合乎憲制目的嗎？

第六章

哈爾賈尼案：三倍受害的原告

導言

這是一個普通公民（一名女性勞工）的故事，她對香港法律系統充滿信心，卻遭到三次傷害：一次在電影院，另外兩次在法院。

案件事實

案件發生於 2012 年 8 月。羅女士（Ms. Lo）來到一家電影院看晚上 9:30 的電影，該電影由羅拔·迪尼路（Robert De Niro）主演。當她就座時，左右兩旁無人。大約晚上 10:15，一名男子進來並在她的右邊就座。

過了一會兒，她感到有東西在觸摸她的右前臂：原來是那名男子的左前臂。她轉頭看了一下那名男子，然後將一件外套蓋在自己上半身的右側。又過了一會兒，她感到被裙子蓋住

的右大腿有「癢癢」的感覺。她隨後全神貫注看電影。她後來感到右大腿「癢癢」的感覺在向上移動，並看到那名男子的左手放在她的右大腿上。她盯住他，發現對方也在看她，左手仍然停留在她的右大腿上。她拿開他的手，站起來走到前排，在那處發現他是一名「外國人」(foreigner)。她用英語譴責他。她隨後走到電影院前廳尋求協助。那名男子也來到前廳，看到她，說了聲：「我很抱歉。」她很憤怒地作出反應，說道：「如果你沒有在這裏觸摸我，你就無需道歉。」

電影院經理過來了。羅女士向他解釋那名外國男子觸摸了她的右大腿，她希望報警處理。那名男子隨後再次道歉：「抱歉，或許我是太疲倦了。」她駁斥了該男子的辯解。當該名男子試圖從影院的一個出口離開時，羅女士催促電影院工作人員加以制止。最終警方到場並拘捕了那名男子。該名男子被帶回警署後，在他身上查出有一張於羅女士座位旁邊的電影票。

該名男子被以猥褻侵犯罪 (indecent assault，又稱非禮罪) 提起檢控。他否認這一檢控。實際上，在一份採訪記錄中，他聲稱其左手錯誤地滑落到了受害人的右大腿上，而且他已對受害人羅女士表示非常抱歉。

裁判法院程序

該案於 2013 年在九龍城的一名暫委裁判官 (deputy magistrate) 面前提堂。關於猥褻侵犯罪的檢控聆訊暫定為兩天。被告由大律師馬克·薩瑟蘭 (Mark Sutherland) 代理。該

案聆訊一共持續了 16 天，案件週期超過 3 個月。庭審文件長達 1,865 頁。

羅女士是第一控方證人（first prosecution witness，簡記為 PW1）。在審訊的交叉詢問環節，她被反覆要求離開法庭，因為裁判官需要聽取被告律師「提交材料」，然後又要求她回到證人席，之後再被要求離開。在某一刻，被告律師請求法庭允許播放去年事發時電影院上映的那部電影（或其片段）。控方自然以不具有相關性提出反對。裁判官予以批准。當第一號證人（羅女士）被再次要求離開法庭時，她轉過頭說道：「太氣人了。現在，又不是羅拔．迪尼路非禮我。」

交叉詢問隨後被後來的上訴庭描述為「失焦、無關、荒唐、糾纏、欺凌、麻木、殘酷、無情、任性……」。羅女士有幾天都被要求返回法庭就其證供在交叉詢問中作證（以至她的僱主已抱怨她擅離職守），並帶上去年事發時在電影院穿過的衣物到庭——這與本案並無可以理解的相關性。上訴庭如此評論：她「在被告律師沉溺於古怪的質證遊戲過程中，被無休止地要求進出法庭」。那位裁判官似乎無能力阻止這種濫用程序的遊戲在其眼前進行。

第一號證人遭遇的非難

她的「磨難」（ordeal）——上訴庭如此描述——還在繼續。強加到她身上的非難包括下述：她被詢問一種女性透視上裝在男性看來是否有吸引力、她在出事那天晚上是否穿了黑色胸

罩、她的臀圍是多少、她穿的衣服是甚麼品牌、她的手提包是甚麼材質。她被要求坐到一把尺子上，以便量出她的臀部的寬度。辯方律師的這些作為屬於精心設計，目的是羞辱和挫敗證人，並迫使其最終放棄控告。

古怪的遊戲

被告律師其中一個「古怪的遊戲」（bizarre antics），就是在審訊過程的後半段，他試圖提出身份爭議，即坐在羅女士右邊座位的並非被告，而是另一名「外國男性」；即使那個座位的電影票已從被告身上發現且被告已經在電影院前廳向羅女士道歉，被告律師仍然提出這個論點。在審訊後期，羅女士有好幾天都被不斷交叉詢問，被告是否就是她控告的對象。

以下是上訴庭對本案的總結陳述：

> 第 162 段……針對第一號證人交叉詢問前四天的大部分時間都被消耗在連篇累牘的遲鈍、失焦和不相關的問題上。被告律師的問題似乎毫無合理的指向或目的，只是為了糾纏和欺凌證人並延長她的磨難。被告律師應當很清楚，當第一號證人，一名受尊重和明顯具理解力的女性，抱怨其受到反覆盤問、無可辨識結果的問題折磨時，以及她受到羞辱的感受時，那麼就需要一種更為節制、精巧和合理的方法。相反，她遇到了一種麻木、殘酷、無情的交叉詢問，完全沒有展示出任何技

巧、節制和合理性，而且還一直持續不斷；儘管裁判官也作出了堅定努力（valiant efforts）控制司法程序。

裁判結果

到最後，證據是壓倒性和確鑿的。被告不再自我辯護，不再試圖證明那只是一個意外。那位裁判官弄清楚了在電影院裏發生的事件的所有細節：第一號證人在電影院前廳的行為與其描述的案情完全吻合。

被告被認定猥褻侵犯罪成立，被判處 14 日監禁：但他從未履行這一刑期，因為他立即已獲得了保釋並等候上訴。

虛耗訟費命令

由於被告律師在裁判法院上演「古怪遊戲」，他被命令支付 18 萬港元的「虛耗訟費」（wasted costs）：當然，這根本無法補償羅女士遭受的「磨難」——這筆費用（如果確實支付了的話）最終歸入庫房。

上訴庭

兩項上訴隨後提交給上訴庭：其一是被告律師就針對自身的虛耗訟費命令提出上訴；其二是被告就針對他的猥褻侵犯罪的定罪判決提出上訴。兩宗上訴在事發近四年後，於 2016 年

6 月和 7 月間併案審理。法庭在 10 個月後作出判決。

上訴庭基於明顯壓倒性的理由，駁回了被告律師對其虛耗訟費命令的上訴：將其行為歸類為「挫敗司法程序的惡意嘗試」。換言之，這是一種重大的失職行為。

這是一種任何法庭一刻都不會容忍的惡劣行為。不過，上訴庭在斬釘截鐵地譴責了被告律師之行為後，聲稱儘管如此，那位裁判官「展現了值得稱道的耐性、包容、公平和體面。」

對誰的「公平」？是對僅是尋求正義，但其痛苦卻無人顧惜，反而一而再地遭受羞辱的受害人？還是對有資格期待法庭有效率的正義的公眾？

對誰的「體面」？對完全不值得任何體面對待的被告律師嗎？

「耐性」和「包容」：是使得濫用程序日復一日地進行下去嗎？

針對定罪判決的上訴理由（如其所被期待的）是雜亂無章和模糊不清的。上訴沒有對指控被告的證據進行任何有意義的闡述。相反，上訴理由被熬煉成了一個焦點：被告律師的「無能」、行為不當以及履行專業職責失敗是如此嚴重，如此極端，以至於引發了針對被告的一種「推定的偏見」（presumptive bias）：故被告沒有獲得公平審判！

絕大多數人都會認為是完全荒唐的這一點，由資深大律師

當面提出，並由上訴庭嚴肅地進行處理，導致該案出現了最後的司法暴行（final outrage）。

最後的司法暴行

最後的司法暴行是：儘管電影院中的猥褻侵犯行為證據確鑿，而裁判官也發現了這一點，上訴庭仍然准許被告上訴並撤銷了原審定罪。以下是上訴庭的觀點：

> ……對我們而言，鑒於被告律師在裁判官面前以如此古怪和完全無法接受的方式處理被告案件，允許這樣一個定罪判決繼續存在是顯失公平的（unconscionable）。

「顯失公平」？對誰？難道「公平」不是要求在法庭上獲得簡明的正義嗎？

「顯失公平」或「顯失公平的行為」是衡平法院（Court of Equity）設計出來的一個概念，指的是交易的一方當事人在與另一方當事人打交道時處於一種特定的劣勢，這一劣勢是由於能力缺陷、疾病或其他影響到其維護自身利益之能力的因素所造成，而另一方則不公平地利用了落在他手裏的優勢機會。

在上訴庭眼中，一宗刑事檢控是一樁「交易」而不是一個司法過程嗎？這是法庭與被告及作為中間人的代理律師之間的一樁交易嗎？一旦被告因其律師的不當行為而陷入「劣勢」，法庭處理違法行為的正常權力就需要作出妥協嗎？

本案中真正「顯失公平」的是羅女士的遭遇，她在裁判法院經歷了如此的非難和折磨，又要親眼見證被告逍遙法外的最終暴行。她曾對香港法律系統抱有信心，而這就是她的結果：三次受害。一次在電影院，兩次在法院。

受理上訴的法院領導權何在？

如前所述，上訴庭提到了那位裁判官控制司法程序的「堅定努力」：就是不斷嘆息和搖頭，卻對法庭程序的濫用被日復一日地縱容着；那位裁判官在自己的法庭上軟弱無力；大律師在法庭上當家作主；法律的自律性變得一文不值。那就是上訴庭三位法官的意見。

上訴庭撤銷定罪的邏輯是：辯護律師的行為越是駭人聽聞，推翻定罪判決的理由就越是強勁有力。換言之，專業失職產生了可觀的紅利。

這就是上訴庭留給法律的可悲狀況。

第七章
法律的自律性或其匱乏如何困擾裁判法院

導言

眾所周知，肥胖在西方一些社會已成為頭號的健康和社會問題。一項近期的研究表明，根據體重指數（body-mass index），每三個澳洲人中就有一個是嚴重超重或癡肥。這是由諸多因素結合而成的：缺乏自律、富裕、破壞性的飲食與生活方式，以及其他因素。

肥胖折磨着西方社會，損害了它的社會結構。在法律領域是否也存在同樣的現象呢？法律本身也變得癡肥了嗎？

法律的自律性

我們看看前述肥胖的原因之一：缺乏自律。

法律是一種結構化的制度，有着許多動態的部分。每一部分都有自己的功能。

人們傾向描述司法機構是一種層級制，有點像一座金字塔：從基層的法定裁判署、裁判法院到區域法院，上升到原訟庭和上訴庭（它們共同構成高等法院），最終抵達處於頂端的終審法院。在某種意義上，這幅構圖是正確的，但並沒有講出故事的全部。它忽略了一個關鍵的因素，即這一金字塔層級的每一部分都有着不同且獨立的功能。法律的自律性要求每一部分都知曉分寸。

裁判法院

　　我們以香港特別行政區的裁判法院（magistracies）為例。

　　注意是這個詞語的複數形式：magistracies。這不是一個單一的法院，不像高等法院原訟庭和上訴庭那樣。香港一共有七個裁判法院。

　　一個裁判法院的管轄權由香港法例第 227 章《裁判官條例》（Magistrates Ordinance）所定義和限制。除此之外，沒有其他的授權來源了。

裁判官的管轄權

　　簡易程序罪行（summary offences），亦即最高可判處 3 年監禁及罰款 10 萬元的罪行，由裁判法院實施專門管轄。因此，凡是涉及社會事務的整個範疇的執法行為，如交通規則、

公共衛生、食品安全、建築缺陷等，均可在裁判法院處理。
這裏是大多數香港居民面對面接觸法治的地方。除此之外，
這裏還是《基本法》第 5 條承諾保障「五十年不變」的香港「生
活方式」得到保護的地方：通過適當的執法，街道安全，交通
有序，餐館衛生，香港的社會結構保持完好無缺。

政府網站關於裁判法院的內容包括了一則誓言：從被告進
入訴訟開始，案件將會在 60 日內審結；有關司法程序據稱通
常會在訴訟立案後 45 天內完成。

這至少在書面上表明，一種簡明而有效的法律系統是
存在的。

《裁判官條例》

《裁判官條例》第 19 條規定了處理刑事檢控的簡易程序。
它是寬泛的，不存在偏離法律的空間。

控罪的實質內容必須首先向被告傳達，而被告必須被詢問
是否認罪。如果被告不認罪，裁判官**就會**根據第 19 條進入聆
訊環節，聽取支持控方的意見，也會聽取被告意見以及處理辯
護中提出的證據，並對檢控方在反駁時可能提出的證人證供進
行審查。

第 19(2) 條規定：

> 裁判官在聆聽每一方的陳詞、證人的證供以及

所提出的證據後，須對整件事項（whole matter）加以考慮並作出裁定。他可將被告人定罪或作出針對被告人的命令，亦可撤銷申訴或告發（視屬何種情況而定）。

「整件事項」包含在傳票（summons）的四角範圍內。法庭傳票界定了有關檢控：亦即，訴訟指向的整個事項。

假設案情就像本書第一部分第一章提及的律政司司長訴拉特卡爾（*Secretary of Justice v Latker*）一案那樣，一名登記車主未能在警方要求下披露涉嫌衝紅燈的駕駛者的身份信息。

根據《道路交通條例》第 63 條的規定，這一不披露的行為即構成犯罪。

如果這名被告被法庭傳票傳召至裁判官面前，該案的「整件事項」就是：（1）警方的通知是否正常發送給了登記車主；（2）登記車主是否未能提供所需信息；（3）基於第 63(5) 條的辯護是否適用了第 63(5) 條，即對被告而言存在的辯護是，證明他不知道或不可能通過合理的努力確定駕駛員的姓名、地址或駕駛執照號碼。僅此而已。

第 63(6) 條規定，一經定罪，被告可被判處罰款 1 萬元或監禁 6 個月。

假如法律的嚴格自律性得到維持的話，裁判官面臨的訴訟就可以在很短時間內解決。

保持緘默權

如果在聆訊中，被告辯護時提出這樣的意見會怎麼樣呢：「律師告訴我，我在刑事法庭上有保持緘默的憲法權利——《香港人權法案條例》第 10 條的「公平審判」保障條款隱含了這一權利的存在。控方現在聲稱我必須根據警方通知披露信息：如果駕車衝紅燈的人就是我呢？我不是在被強迫自證其罪嗎？我認為《道路交通條例》第 63(6) 條是強迫自證其罪，因而是違憲的，對我不具有執行效力。我請求你駁回檢控。」

一種自律的回應

法庭應當如何回應呢？

首先要留意的是，裁判法院是簡易程序的管轄法院，不是憲法法院。其職能由制定法加以限定，承擔對訴至該處的被告的司法審判，需遵循《裁判官條例》自身設定的程序。它沒有一般性的權力去處理影響整個社會的憲法問題。正如常任大法官李義（Ribeiro PJ）在律政司司長訴丘旭龍（*Secretary of Justice v Yau Yuk Lung Zigo & Another [2007] HKCFA 50]*）一案的判決書第 68 段所言：

> 關於制定法條款違憲的裁決具有非常重要的意味，通常要由高級別法院加以審查。

因此，裁判法院的回應只應當是：「擺在法庭面前的是傳票，而不是其他。法庭的職責在於依據傳票進行處理——

決定你在受指控的事項上是有罪還是無罪。法庭沒有更寬泛的職責。」

如果被告被判處無罪，司法程序結束。如果他被判有罪，根據《裁判官條例》他具有上訴至高等法院原訟庭的權利。原訟庭是裁判法院有關判決的上訴法院，是有着不受限制管轄權的法院。在那裏可以首次提出「憲制性質疑」(constitutional challenge)：該法院有權作出正式和具有約束力的權利宣告。

憲制性質疑

「憲制性質疑」是甚麼意思呢？

這一術語被律師們以如下方式寬泛地使用（事實上，下文會揭示，那是一種誤導性使用）：儘管一部制定法已經合理通過了憲制程序（亦即，它已經過立法會的三讀，得到行政長官的同意並經正當公佈），因而無疑是有效和有約束力的，但授權政府行政分支（或某個其他公眾機構）的某個條款仍可能被爭議性地認為侵犯了《香港人權法案條例》或《基本法》所保障的某些基本權利。

如果具有合格管轄權的法院發現了違憲情形，它可能會作出一種正式的違憲宣告，但受制於兩種條件：(1) 基於《香港人權法案條例》的質疑嚴格而言並不是「憲制性質疑」；它只是純粹的香港本地事務，而抵觸《香港人權法案條例》有關條款的救濟本身是裁量性的；(2) 香港法院對《基本法》的解釋

最終可以被全國人大常委會推翻；因此這並不是純粹的香港本地事務。

如果有合格管轄權的法院作出了正式的違憲宣告，那就可以約束香港特區政府的執行分支，或其他相關的權威機構。

有效性推定

毋庸贅言，當法律出現於制定法典中時，存在一種強大的有效性推定（presumption of validity）。法律與秩序不可能通過其他方式維持。無論人們是否知曉，所有職業的人在其日常生活中都是日復一日地依賴這些法律管理自身事務。

在一年的時間裏，香港的七個裁判法院處理了成百上千件執法案件。如果這些案件中的每一個都提出「憲制性質疑」，而裁判官在依據傳票裁決是否有罪的同時還需要處理憲法爭議，這些裁判法院的工作就將急速停頓下來。人們不需要城市恐怖分子將民事管理弄垮。

香港特別行政區訴梁國雄

我們以 2002 年九龍城裁判法院處理的梁國雄案（*HKSAR v Leung Kwok Hung [2002] 4 HKC 564*）為例。

在該法院，非法集結的組織者被依據《公安條例》若干條款提出檢控。

被告組織過一個約 90 人的遊行，從中環遊行到灣仔警察總部，但沒有事先通知警方。在辯護中，被告聲稱《公安條例》中規制公眾遊行的第 13、13A、14 與 15 條和要求擬議遊行事先通知警方的體制是違憲的：這些條款違反了《基本法》第 27 條。

裁判法院的案件報告只包括一個案號：*[2002] 4 HKC 564*，但是通過這一案件，人們可以一窺法院的處事方式。例如：在一個民主社會，允許對言論自由的何種限制？一個「多元而包容的社會」應當如何處理這些限制？在證成自由限制時，人們應當怎樣定義公眾安全、公眾秩序等概念？

案號可引出對世界各地案例的援引，包括那些來自南非西斯凱地區（Ciskei）、美國最高法院、贊比亞高等法院以及歐洲人權法院的案例。

在該案中，裁判官支持了相關條款的合憲效力，判處被告有罪。

但是如果他以另一種方式處理呢？裁判官一旦推翻《公安條例》有關條款，警方就會立即停止所有基於這些條款的執法程序，而不去維持秩序嗎？抑或警方將會繼續執法，而於必要時在其他裁判法院檢控嫌疑人？

混亂的來源

有一個法律諺語說：重複十遍就成了真理。如果一個人經常重複某些假定，就會使其成為事實。過去 20 年來裁判法院

管轄權在憲法問題上的情況，正是如此。

仍以梁國雄案為例。該案於 2002 年 11 月在九龍城裁判法院宣判。隨後該案上訴至高等法院原訟庭，接着又被轉介到高等法院上訴庭。

待三年後該案到達終審法院，哲學問題就佔據了很大的比重，而案件如何產生這個問題已無人關注。

終審法院沒有處理這個問題：裁判官是否一開始就有判決憲法問題的管轄權？

上訴庭本來也有機會強化法院系統的自律性。它本來可以簡要地提醒裁判官，其管轄權僅限於處理檢控中所提出的有關案件問題。這些都沒有發生，從而導致了司法混亂，我們在後面還會看到。

律政司司長訴丘旭龍

這個案件是裁判官擁有憲法問題管轄權之假定獲得認可的一個里程碑。

被告在裁判法院被控相互從事非私下肛交（buggery），觸犯了《刑事罪行條例》（Crimes Ordinance）第 118F(1) 條。在審訊一開始，被告即質疑了上述條款的合憲性，認為它抵觸了《基本法》第 25 條：法律面前人人平等。裁判官支持了這一憲制性質疑，駁回了有關檢控。

案件爭議最終訴至終審法院。終審法院面臨的兩個問題之一是：

　　當裁判法院被說服有關控罪依據違憲並作出相應宣告後，應當發出甚麼樣的法庭命令呢？

就該問題本身而言，我們看到裁判官已被假定具有作出違憲宣告的管轄權。終審法院從未追問更加根本性的問題：裁判官從一開始就有這樣的管轄權嗎？

終審法院就丘旭龍案於 2007 年 7 月頒下判決。終審法院未能堅定地限制裁判官的管轄權，這就幾乎立即導致了不幸的後果。

律政司司長訴藍海科技公司

這裏的事實不可能更加簡單了。

《電訊條例》(Telecommunication Ordinance) 第 8 條創設了一項罪名，即未經行政長官會同行政會議頒發牌照而建立或管有一種通訊系統。

在 2005 年 7 月 8 日到 2006 年 10 月 13 日之間的許多天裏，被告設立了信號傳輸系統並以所謂的民間電台 (Citizens Radio) 名義營運。他們將廣播維持在 FM 頻段。

這家公司的代理律師就牌照授予問題與廣播事務管理局 (Broadcasting Authority) 進行溝通聯絡。最終，2006 年 12 月，

行政長官會同行政會議否決了牌照申請。不過於此同時，該公司已先行一步，開展了無牌照的廣播活動。他們因此面臨檢控。

當案件擺在裁判官面前時，事實部分並無爭議。但裁判官判決被告無罪，理由是《電訊條例》規定的許可體制並非《基本法》第 39 條所要求的「依法規定」（prescribed by law）或《香港人權法案條例》第 16 條要求的「法律規定」（provided by law）。不合憲的原因是該條例授予行政長官會同行政會議處理牌照申請的權力是不受限制的。

裁判官判決的荒謬性顯而易見。當被告為所欲為時，行政長官會同行政會議並未考慮其牌照申請；行政決策程序與被告所受檢控之間沒有關聯。

律政司司長就裁判官判決提出上訴，案件擺在了高等法院原訟庭的法官面前。稍微閱覽文件的人就會說服這位法官必須受理上訴；但是沒有，案件被轉介至高等法院上訴庭；因此一個由裁判法院處理的簡單執法案件又再一次被升級為一件轟動一時的大案。

上訴庭法官張舉能的判決（第 126 段）中的一句話中把裁判官的司法錯誤表露無遺：

> ……拒絕授予牌照的合憲性……不是這宗檢控案件需要確立的基礎。

故事結束了嗎？並沒有。

因為裁判官確實審查了條例確立的許可體制並發現其「違憲」，上訴庭就感到有必要用超過 100 段的判決篇幅加以反駁。

來自斯特拉斯堡的歐洲人權法院、美國、英屬哥倫比亞、英格蘭等多處的案例被廣泛援引來支持一個顯然易見的立場：無線電頻譜是一種稀有資源。

這純粹是一個事實問題——就像地球繞着自身軸線轉動的事實一樣。無論多麼有名，沒有任何一個那樣的「權威案例」可以加強或削弱這一事實。

司徒敬法官（Stock JA）在判決書的 30 個段落中完整回顧了整個法定體制，涉及廣播事務管理局及其組成、對獲發牌公司和廣播內容的規管、行為守則等。其中沒有一項和被告面臨的檢控有關。

不可避免的是，一旦確認一種許可體制是必要的，就無需他求即可支持定罪。但是法庭被律師引用的大量權威案例弄得心煩意亂，轉向偏離了目標。

裁判官對憲制性質疑的管轄權問題得到了司徒敬法官的考慮，但卻以一種古怪的方式進行。他聲稱：

> ……《電訊條例》……是合理制定的，並不允許基於條例第 8 條和第 20 條而被檢控的被告通過辯護的方式對許可體制的合憲性提出質疑。可以接受的是，被拒絕授予牌照的申請人發起這一質疑的正確且唯一路徑只能是申請司法覆核。

他繼續寫道：

　　我們被要求對闡發這一案件議題的有關權威案例進行廣泛的檢視，以確定被告是否（若是，在何種程度上）可以提出將法定機構作出決定之有效性作為一項刑事抗辯理由，抑或他被准許在司法覆核程序中提出這一議題。

我們看到，這裏討論的裁判官管轄權問題被完全限定在《電訊條例》的「適當結構」（proper construction）之中。沒有片言隻語提及《裁判官條例》。

司徒敬法官仔細檢視了大量顯然觸及前述問題的權威案例：「被告是否可以提出將法定機構作出**決定**之有效性作為一項刑事抗辯理由，抑或他被准許在司法覆核程序中提出這一議題。」

注意所謂深思熟慮之「司法覆核」的焦點：法定機構作出的**決定**，而不是制定法條款本身的合憲效力。出於顯然的理由，一個人不可能胡亂地請求高等法院：「請宣告《電訊條例》第 8 條違憲。」

為了引發高等法院的司法覆核管轄權，必須存在某個公眾機構的某項**決定**或**行為**影響到了申請人的法律權利或利益。

於是問題來了：在一個像藍海科技公司案這樣的刑事案件中，甚麼**決定**或**行為**可以成為司法覆核的主題呢？除了作出檢控決定本身外，政府在被告被檢控時沒有作出任何決定。

如果常識就是指導原則，這類討論將不會發生。大致考慮一下實踐的結果。一項刑事指控基於制定法條款而在裁判法院被提出。被告拒絕認罪。控方掌握着充分的定罪證據。在辯護中，被告針對他據以被檢控的制定法條款提出了一項「憲制性質疑」。裁判官必須怎麼做呢？他必須立即休庭並告知被告「你現在必須去高等法院申請司法覆核」嗎？

被告可能會說：「非常感謝」，然後走出法庭。回復自由身。

他甚麼也不做。他為甚麼要牽涉到高等法院的麻煩和成本——在兩個層級的上訴過程中疊加針對自身的諸多代價？針對他的檢控已被有效阻止。他為甚麼要如此熱心公益，以自身的成本，為了整個社會的利益而挑戰一項制定法條款呢？

裁判官基於《裁判官條例》的一般管轄權問題從未得到司徒敬法官的考慮。通過「司法覆核」提出質疑的問題懸而未決。

在第一部分第一章我們曾提及律政司司長訴拉特卡爾一案，其中登記車主未能回應警方的通知要求，而那輛車被攝影機拍到衝了紅燈。上訴庭司徒冕副庭長（Stuart-Moore V-P）判決的一段值得在此引述：

> ……在得出《道路交通條例》第 63 條違憲之結論的過程中，裁判官偏離了與該案非常相似的 *Attorney-General v Tsang Wai-keung* 案中陳兆愷法官（P Chan J）採取的路徑。裁判官在尋求證成其偏離先例之正當性時援引了大量與其裁決有關的案例。最終，他在很大程度上

依賴了摩爾多瓦的巴夫洛夫斯基法官（Judge Pavlovschi）的異議判決（dissenting judgement），這名法官是歐洲人權法院在奧哈洛拉姆訴英國（*O'Halloram v United Kingdom*）一案的 17 人法庭中的兩名異議法官之一……

所有這些都說得很直白。有人可能會被引導而問道：過去數十年間文化環境有了甚麼樣的變化，何種腐朽之物混雜其中，竟然到達了這種程度：即基於香港特別行政區制定法而行使管轄權的裁判官，以普通法作為基礎，認為來自摩爾多瓦的一名異議法官可以踐踏香港高等法院法官的權威？

結論

前文已引述《裁判官條例》：這是裁判官管轄權的唯一來源。他們行使的是簡易程序管轄權。他們對被告的裁判是逐項進行的。制定法中沒有為他們提供作出約束每個香港人的違憲宣告判決的任何空間。

如果對這個問題還有任何懷疑的話，比較一下《裁判官條例》和《區域法院條例》（District Court Ordinance）。《區域法院條例》的第五部分涉及區域法院的刑事管轄權。

條例第 75(1) 條規定：

凡控罪或申訴經裁判官按照《裁判官條例》（第 227 章）第 IV 部的條文移交區域法院，則對於涉及該控罪

或申訴所指稱的罪行的所有法律程序，區域法院均具有司法管轄權及權力，而該司法管轄權及權力與假若被控人交付原訟法庭循公訴程序審訊時，原訟法庭所具有的權力類似。

條例第 79 條規定，[高等法院] 原訟法庭的程序和常規，需在區域法院中在可予適用的條件下儘量沿用。

比較而言，裁判法院的程序和常規只是《裁判官條例》規定的簡易程序管轄法院的程序和常規。僅此而已。

假如裁判法院可以維持合理的自律性的話，像藍海科技公司案和拉特卡爾案這些構成法律系統污點的案件不可能發生。

假如一名裁判官行為正當自律，僅就指控本身宣判被告無罪，那就是爭議的結局了。假如被告被定罪，而關於所涉制定法的合憲效力的真實問題已經提出，裁判官在作出定罪判決後有權准許被告保釋並等待上訴法院的裁決：《裁判官條例》第119 條。上訴法院（高等法院）有違憲宣告權。「憲制性質疑」是在高等法院而不是在裁判法院才可得到合適的處理。

《香港人權法案條例》沒有擴大裁判法院的管轄權。條例第 6(1) 條規定法院可根據違反條例的情況**頒發它有權在相應司法程序中頒發**而認為在該情況下同樣適合的補救或救濟，或者發出命令。

留意這個條件：**如果**一名裁判官有權（根據《裁判官條例》），**那麼**他或她就能夠頒發看似合適的救濟。

小結

　　如引言所言，香港法律界面對的風暴早在 1991 年《人權法案條例》頒佈時已開始醞釀。然而，法庭卻對英國樞密院在 *Attorney-General v Lee Kwong Kut & Lo Chak Man [1993] AC 951* 一案中有關處理《香港人權法案條例》議題的警告置之不理。相反，法庭的路徑與「務實、理性」以及「謹守分寸」的理念背道而馳，正如以上章節所述。

　　在一個早年與《香港人權法案條例》有關的案例 *R v Sin Yau Ming*（上訴庭，1991 年 9 月）中，上訴庭就已經為法庭日後如何處理這些議題的方向定下了基調。

　　在該案中，被告循公訴程序被控兩項管有危險藥物作販運用途的罪行。控罪一涉及 337.44 克含有 75.05 克嗎啡酯鹽（salts of esters of morphine）的混合物，而控罪二則涉及 24.55 克含有 20.89 克嗎啡酯鹽的混合物。

控罪一當中的毒品為經過大量稀釋的海洛英（俗稱「三仔」），而控罪二則為高純度海洛英（俗稱「四仔」）。

根據《危險藥物條例》，控方可依賴若干法定推定（statutory presumptions）以證明被告人的控罪。因此，當時法庭要處理的問題是那些推定是否符合《香港人權法案條例》第 11(1) 條當中對無罪推定的要求。

《危險藥物條例》訂明了以下情況會觸發法定推定：

第 46(c)(v) 條：任何人被發現管有五個含有嗎啡酯鹽的混合物包裹

第 46(d)(v) 條：任何人被發現管有半克的嗎啡酯鹽

第 47(1)(c) 條：任何人被證明管有、保管或控制被發現危險藥物的處所

第 47(1)(d) 條：任何人被證明管有被發現危險藥物的處所的鑰匙；及

第 47(3) 條：任何人被發現管有任何危險藥物，在相反證明成立之前，他將被推定為已知悉該藥物的性質。

如果被告能夠以相對可能性的衡量（a balance of probabilities）來證明他並非為了販運而藏有危險藥物，以上每一個的法定推定都可以被推翻。一如其他刑事案件，控方需要在排除合理懷疑（beyond reasonable doubt）的條件下證明被告有罪。

在該案中，上訴庭的三位法官發表了不同的判決意見。

由於邵祺副庭長（Silke V-P）及甘士達法官（Kempster JA）作為法庭大多數認為這些法定推定不符合《香港人權法案條例》第 11(1) 條的規定，因此代表法庭宣佈該等條文在 1991 年 6 月 8 日（即《香港人權法案條例》生效當日）起即被假定為廢止（deemed repealed）。彭亮廷法官（Penlington JA）同意判決書中的多數意見，但他指出《危險藥物條例》第 47(3) 條中對被告人是否知悉該藥物性質的推定並不違反《香港人權法案條例》第 11(1) 條。

如果大家先擱下案例，並純粹從字面上詮釋這些條文，我們便會馬上發現數個結構性問題。

一如邵祺副庭長在判決書第 100 段指出，第 46(d) 條並不單單涉及嗎啡酯鹽，而同時亦包括「嗎啡酯」(esters of morphine)，即海洛英鹼（heroin base，一種需要先經過化學處理而不可供癮君子直接吸食的海洛英）。因此，當一個人被發現藏有海洛英鹼，他當然比一個藏有「四仔」的癮君子更有可能牽涉製造及販運危險藥物的罪行。因此，如果法庭用同一尺度的推定來檢視這兩個情況，確是毫無道理可言。

至於第 46(c) 條關於多於五個包裹的推定，該條文所涉及的證據是涉案的癮君子打算大量購買毒品。由於觸發此推定並不需從中發現任何特定含量的混合物，所以一個人只需持有多於五個有着少量毒品痕跡的包裹，他便會被提控。

第 47(1)(c) 條及 (d) 條也有類似的問題。如判決時第 113 段所言，這些條文「要求甚至強迫一個有着單位大門鑰匙的普

通住客去推翻由於其中一個房間裏發現毒品而引起的推定。」

邵祺副庭長接着引述在 *R v Lau Tak Ming* 案中的證據指出，一個癮君子每 24 小時需要半克嗎啡酯鹽來滿足他的毒癮，而上限為一克。正如上述所引條文可見，在第 46(d)(v) 條中可觸發法定推定的數字十分接近此份量。

他接着這樣說：

> 眾所周知，由於受毒品供應量及價格的影響，癮君子的吸毒習慣和吸食量並非一成不變。為了躲避追捕，癮君子很有可能會大量購買那些藏在保濟丸或飲管中的毒品。明顯地，一個吸食「三仔」的癮君子比吸食「四仔」的癮君子（現時佔癮君子的大多數）需要更多的份量。

毋庸置疑，法庭在原則上應當捍衛這些旨在打擊販毒的法例。然而，上述法定推定的觸發條件卻很有問題。從理性及現實的角度來看，那些**被證明**的事實（即被告管有少量危險藥物）並不能令人必然推論到那些**被推定**的事實（即以販運為**目的**而管有該危險藥物）。同樣地，如果一個單位已被分隔作數個獨立房間，即使被告管有大門鑰匙，這亦不能令人推論到他必然知悉其中一個房間藏有危險藥物。

然而，如邵祺副庭長在判決書第 102 段指出，因為毒販非常清楚甚麼份量的毒品會觸發哪些法定推定，他們往往只會要求毒品拆家裝運接近那些份量的毒品。故此，如果將觸發點訂得過高，無疑會鼓勵毒販進行他們的勾當，違背立法初衷。考

慮法例應當在甚麼水平上訂立觸發點，以及在何種情況下會達至合理的法定推定條件都是程度上的問題。它們受到一系列的社會情況影響，各國均有所不同。這顯然是立法機關的職責，法庭無法越俎代庖。

在 *Ong An Chuan v Public Prosecutor [1981] AC 648* 一案中，英國樞密院考慮了新加坡的《濫用毒品法案》（Misuse of Drugs Act）中相關條文是否符合新加坡憲法。在該法例中，管有危險藥物的上限假定為 2 克，這遠比一個癮君子每天的吸食量要多。

迪普洛克勳爵（Lord Diplock）這樣考慮該案：

> 本案中不爭的事實是，這些觸發推定所要求的毒品份量比一個新加坡典型癮君子每天吸食的份量還要多很多倍；**故此，按常理而言**，這些毒品如以這些份量運送的話很有可能是作販運用途。如要反駁此推論，論者往往會指出，特殊的癮君子或需要吸食更多的毒品。然而，那些毒癮較大的癮君子（如他們真的存在）得到法律保護僅僅是由於相關的販運毒品量的法定推定可以被推翻。

如果香港的上訴庭以這種方法處理 *Sin Yau Ming* 一案，並採取廣泛而統一的做法（broad unified approach），就像解釋《危險藥物條例》的條文般，按常理來解釋《人權法案條例》第 11(1) 條中最為清楚不過的文字，普通市民會更容易明白他們的裁決。

不幸的是，訴訟雙方的大律師似乎將此爭議視為新興的把戲，促使了邵祺副庭長在第 65 段這樣說：

> ……我們應從公約（即《公民權利和政治權利國際公約》）的角度來解讀《香港人權法案條例》。引導我們的不再是一般解釋法律條文的規則（ordinary canons of construction of statutes），也不是我們沉浸已久的普通法。在解釋該條例時，我們必須參考公約的目的，並賦予公約序言以完全的認可和效力。我剛才所提到的一個嶄新的法學觀都是從這一切當中衍生出來的。

這種嶄新的做法導致法庭檢視了歐洲、加拿大及美國的案例，進而令判決書的論戰陷入令人難以消化的糾結之中，造成混亂。例如，邵祺副庭長在第 65 段談及聯合國人權委員會的決定時提到：「原則性的事宜往往以最寬泛的字眼來表達，從而容許各國能按照**不同法律傳統及社會抱負**有意義地解釋公約條文……」我們或許可以補充說，這些寬泛的字眼亦容許各國法庭對條文有着不同的解釋。

究竟該案的判決書如何指導香港的法庭來解讀法律條文？旁徵博引海外的案例真的可以幫到法庭嗎？為何我們不應用條文本身那些再清楚平白不過的用字呢？

大致而言，雖然香港的法律界需為此令人震驚的情況負上責任，但平心而論，他們並非始作俑者。

在 1990 年 3 月，政府刊憲就《香港人權法案條例 (草案)》

進行公眾諮詢，並為此附上了一份深具誤導成分的意見書。該意見書這樣說道：「在《香港人權法案條例》制定前，香港透過**結合普通法、成文法及行政措施來實施**《公民權利和政治權利國際公約》。這個制度並非停滯不變的，而是隨着法庭對現有條文的解讀、新法律的施行、普通法的發展以及行政措施的改善而不斷向前演變。」

「結合」！這是一個如何東拼西湊的概念！

其實這份意見書希望指出的是，即使《公民權利和政治權利國際公約》**未經**本地立法推行，那個溫和仁慈的殖民統治政府卻早於多年前，在制定政策和法案時，已經將公約的準則和價值考慮在內。政府說這些話的目的是向公眾再次保證《香港人權法案條例》並沒有加入任何嶄新或者激進的內容。然而，無論有意或無意，那個認為香港早在《香港人權法案條例》頒佈**之前已實施**公約的錯誤說法，無疑鼓勵了那些打算將《香港人權法案條例》保持神秘的律師們。

從那時候起，司法歪風便開始吹起。與此同時，本書第一部分中分析過的那些令人生厭的判決也開始大量湧現。

在 *Sin Yau Ming* 一案中，邵祺副庭長認為法庭處理的《香港人權法案條例》是一份「憲制性文件」（constitutional document），而它又是「特殊的」（*sui generis*）。他甚至認為「《公約》的效力至高無上，**非立法機構可比。**」

然而，《香港人權法案條例》並非一份「憲制性文件」。

英國在 1976 年簽署《公約》時就其如何適用於香港制訂了若干保留條文，包括刪去出入境條例。在多年以後的 1991 年，《公約》才透過本地立法於香港實施。在《香港人權法案條例》頒佈前，法律並沒有提供任何救濟給《公約》上的受害人（aggrieved party）。因此，即使政府違反了《公約》，也沒有人能夠迫使行政機構為此負上責任。在《香港人權法案條例》頒佈後，決定給予救濟的重點應在於條例本身，而不是《公約》。

為《香港人權法案條例》奠定基礎的「憲制性文件」是 1991 年修訂的《英皇制誥》。該文件這樣陳述：

> 由聯合國大會於 1966 年 12 月 16 日通過適用於香港的《公民權利和政治權利國際公約》的各項條文，應以香港法律施行之，不得有任何香港法律和適用於香港的《公約》條文不符，限制香港市民所享有的各項權利和自由。

一經頒佈，即使《香港人權法案條例》第 8 條引入了所謂的「人權法案」，也亦只不過是香港的一項本地法例。

在 *Sin Yau Ming* 一案判決時，《香港人權法案條例》第 2(3) 條提到：

> 在解釋及應用本條例時，需考慮本條例的目的是將《公民權利和政治權利國際公約》中適用於香港的規定納入香港法律，並對附帶及有關聯的事項作出規定。

如果這意味着《香港人權法案條例》如邵祺副庭長所言是「特殊的」，那就沒關係。但這並不代表法庭應為《香港人權法

案條例》或《危險藥物條例》中清楚不過的文字給予一些人為的意思，或在解讀條文時援引歐洲或其他國家的法理學。

超過 100 個國家受《公民權利和政治權利國際公約》約束，當中不只包括歐洲或普通法國家如加拿大或澳洲，還有其他國家如土耳其和日本。如果「國際法理學」能夠對解讀《香港人權法案條例》帶來啟示，為何我們不參照土耳其或日本的法理學？如果答案是「它們的法律制度並非基於普通法」，那歐洲很多國家的法律也是如此。為何歐洲法理學比土耳其或日本的法理學的地位更高？如果法庭在詮釋取材自《公民權利和政治權利國際公約》的《香港人權法案條例》時需要參照國際法理學，那就必須對等處理。試問歐洲的法院在解釋與《公民權利和政治權利國際公約》相似的《歐洲人權公約》時，又何曾需要參照香港的法理學？

隨着英國在 1997 年結束對香港的管治，我們需要關注兩件事情：第一，在 1997 年 2 月 23 日，全國人大常委會以與《基本法》抵觸為由廢除了《香港人權法案條例》第 2(3) 條，並自 1997 年 7 月 1 日起生效；第二，《香港人權法案條例》在憲制上的保證不再是《英皇制誥》，而是《基本法》第 39 條。

如果法庭在解讀或應用作為本地法例的《香港人權法案條例》時有任何疑惑的話，這個疑惑隨着全國人大常委會在 1997 年 2 月 23 日宣佈其決定時便應該煙消雲散了。同時，無論大家如何看待上訴庭在 *Sin Yau Ming* 一案中適用《香港人權法案條例》的做法，那種做法在 1997 年之後已明顯不再適用。

《基本法》是香港現行的憲制性文件。由於此文件是在北京以中文來頒佈，任何人適用其英文翻譯本中的有關條款時都必須將此背景牢記於心。同時，《基本法》的最終解釋權仍在北京手中。

　　我們必須注意《基本法》第 39 條的行文用字。

　　第 39(1) 條指出，《公民權利和政治權利國際公約》的條文「繼續有效，通過香港特別行政區的法律予以實施」。

　　第 39(2) 條則訂明：「香港居民享有的權利和自由，除依法規定外不得限制，此種限制不得與本條第一款規定相抵觸。」

　　《香港人權法案條例》中的「權利和自由」源自於《公民權利和政治權利國際公約》，且是以最寬泛的方式來草擬的。由於受公約約束的不同國家必然有着對「權利和自由」，以及何等限制對他們的社會價值以及狀況來說最為適切有着不同理解，這種寬泛草擬的辦法自然是必要的。所以，當《基本法》第 39(2) 條提出「權利和自由」除了「依法規定外」不應受限制，這當然是指本地法律，而非土耳其、日本或歐洲國家的法律。

　　就以《香港人權法案條例》第 8 條為例，雖然當中訂明所有人均有遷徙往來之自由，但香港法律依然限制市民進入部分地區，亦規定了單程路，這些都視乎本地情況而定。

　　相似地，《香港人權法案條例》第 14 條保障了任何人的住宅不受無理或非法侵擾。香港大多數人都住在高樓大廈，限制

與此相關的自由（例如在家中搭建露台）的法律必然與有着廣闊空間的國家有所不同。

《基本法》第 39(2) 條中「依法規定」四字必定有着本土特色。如我在以下的段落所言，如果我們對這些字眼作出牽強附會的解釋，無異於自找麻煩。

在 *Lee Kwong Kut* 一案中，伍爾夫勳爵（Lord Woolf）雖然同意其他普通法司法管轄區以至歐洲人權法院的案例可「就法庭解釋《香港人權法案條例》的做法上給予有價值的指導」，但他接着這樣說：

> 然而，我們絕不能忘記其他司法管轄區的案例只具有說服力而非約束力，那些司法管轄區的情況不一定與香港一樣，尤其是歐洲人權法案的判例⋯⋯

香港與「那些司法管轄區」的其中一個分別，便是後者的「憲制性文件」並不是以中文寫成的。

無論如何，如伍爾夫勳爵所言，具有決定性意義的應當是「制定該罪行的文字本身的實質內容」。同時，如果「在很大程度上肯定那些**被推定的事實**能在邏輯上歸因於**已證明的事實**」（引用 *Leary v United States[1969]*），那麼推定或許就是正當的。他接着說：「一般而言，如果檢視那些據稱已被《香港人權法案條例》廢除的條文，我們即使沒有經過加拿大案例中的論證過程，也可輕易地明確斷定它們是否已被廢除。」

換言之，在正常情況下，透過參照國際法理來理解及推行法例是不必要的。相反，這會模糊議題，並對解讀條文不能帶來半點啟示。

在以下段落，我們會談到樞密院的 *Lee Kwong Kut* 一案中的第二答辯人。在該案中，原審法官高嘉樂（Judge Gall J）因不理解伍爾夫勳爵所提倡的做法，沒有以常理為依歸，導致其在判案時犯下了錯誤。

該案的第二答辯人分別是 Lo Chak Man 和 Tsoi Sau-ngai，他們同時循公訴程序被警方根據《販毒（追討得益）條例》第 25(1) 條控告協助保留販運毒品帶來的收益。高嘉樂法官推翻了控罪，並裁定第 25(1) 條違反《香港人權法案條例》第 11(1) 條下的無罪推定的要求。

第 25(1) 條下的制度大致如下：當甲作為被告人知道或有合理理由相信乙是一名毒販，而甲又與乙訂下安排協助藏匿乙的販毒得益或將其轉移至海外等，除非甲（a）向獲授權執法人員（authorized officer）披露他懷疑或相信該資金或財產為販毒所得；（b）證明他沒有懷疑或相信他參與的安排與乙的販毒得益有關；或（c）他曾意圖作出上述的披露而對他最終無法作出披露有合理解釋，否則甲即屬違法。

由此可見，如根據一般的標準訂立控罪，控方需在排除合理懷疑標準下證明被告人**知道**他曾處理代表販毒得益的財產。但根據第 25 條，若控方能夠在**事實**上證明該資金或財產為販毒所得，以上所提的元素便可成立。此進而觸發了被告人向主

管當局作出必要披露的責任，如非這樣做，他便會犯下一項非常嚴重的罪行。

法庭所面對的問題是，這一法定推定是否違反了《香港人權法案條例》第 11(1) 條對無罪推定的規定。

伍爾夫勳爵認為，第 25 條的用字清楚展示了訂立法例的目的。立法是為了令毒販更難在主管當局不知情的條件下處置他們的犯罪得益。

該條文絕對地禁止了任何人與一些他知道或有合理理由相信是毒販的人進行交易，但同時也為他們留有後路。換言之，第 25 條在一定程度上放寬了普通法的那條「金線」（golden thread）——即控方需在排除合理懷疑的標準下證明每一個控罪元素的責任（如 *Woolmington v DPP* 一案所言）。

如伍爾夫勳爵所言，在某些情況下，對控方需在排除合理懷疑標準下證明每一個控罪元素的要求有所放寬是合理的：「就以沒有牌照進行某些活動的罪行為例，按常理而言，控方幾近無法證明被告沒有領取該牌照，因此強加此責任於控方實屬不合理；相反，對被告而言，要證明他本人領有牌照則屬輕而易舉。」

由此可見，常理在這類分析中往往扮演着非常重要的角色。

高嘉樂法官在 *Lee Kwong Kut* 一案的審訊期間遇到了以下難題。當時，政府一方的大律師作出讓步，並同意在判斷該條

文是否違反無罪推定的問題上，法庭需跟從加拿大案例進行複雜的兩階段分析。高嘉樂法官因此被引導至抽象討論的地雷陣中，並忽視了法例當中的指引。

伍爾夫勳爵評論道：「[法官] 有權考慮立法機構透過訂立第 25 條而明示的政策。他完全能夠評估第 25(4) 條加在第二被告人身上的舉證責任有多大。**在處理《香港人權法案條例》第 11(1) 條如何影響第 25 條的問題上，如果他採納了那廣泛而統一的做法**，進而分析放置於他面前的資料，他應不難作出第 25 條並沒有違反《香港人權法案條例》的結論。事實上，他也認為所作的分析如此複雜，便正正反映了對加拿大最高法院的做法亦步亦趨的缺點。」

伍爾夫勳爵最後給出了香港司法機構的如下意見：

> 雖然香港司法機構應竭力捍衛《香港人權法案條例》所保障的權利，但同時必須保證與該條例效力相關的爭議不會尾大不掉。在處理關乎《香港人權法案條例》之議題的時候，法庭應務實、理性以及謹守分寸。否則，此條例只會成為不公義而非公義的根源，並在公眾的眼裏大為貶值。為了維持個人與社會整體的平衡，當立法機構面對嚴重罪行並嘗試解決那些困難而頑固的社會問題時，司法機構不應對此強加一些僵化的標準。需要牢記的是，社會政策問題仍然主要是立法機構的責任……

然而，法庭在本書第一部分討論過的 *Secretary for Justice v Latker* 一案中便無視了伍爾夫勳爵的建言，並展示了解釋

《香港人權法案條例》可以變得如何喋喋不休。在該案中，由於鏡頭捕捉到被告人作為登記車主的座駕衝了紅燈，警察遂根據《道路交通條例》第 63 條發出通知書，要求他作為登記車主提供駕駛其座駕的司機資料。最後，他沒有遵從規定，因而被起訴。

上訴庭面對的問題是，第 63 條是否違反了《香港人權法案條例》第 10 條：「人人在法院或法庭之前，悉屬平等。任何人受刑事控告……時，應有權受獨立無私之法定管轄法庭公正公開審問。」

任何人如果採取一個「廣泛而統一的做法」來處理第 63 條是否違反《香港人權法案條例》第 10 條的問題，他將會詫異無比：為甚麼第 10 條居然與本案有關，更別說是否被違反。

然而，司徒敬法官（Stock JA）參考了大律師引用的歐洲人權法院的案例，並指出由於歐洲人權公約第 6(1) 條（即相當於《香港人權法案條例》第 10 條）中「刑事控告」一詞有着「獨立」（autonomous）的涵義，並不能單單倚靠它在本地法律下的意思來解讀。相反，該詞需要從《歐洲人權公約》的角度來理解，並可定義為「主管當局向該人發出指控他干犯了一刑事罪行的正式通知」。就第 10 條而言，法官在討論更多的英國以及歐洲案例後總結道，當一輛車衝過紅燈，警察便會就司機是否其登記車主有着「一些懷疑」（an element of suspicion），繼而根據第 63 條發出通知書。故此，司徒敬法官認為這便足以將登記車主視為「被控人」（charged）。

透過司徒敬法官對歐洲法理學如「點金成鐵」般的理解，警察對登記車主發出**通知書**知會他**有人**或因衝紅燈而被控，驟然演變成了對他本人的**刑事控告**。

司徒敬法官最終認為《香港人權法案條例》第 10 條確有被觸及，而這令法庭需審視整個法定制度，包括：究竟第 63 條是否屬於「民主社會所必要的」（necessary in a democratic society）？究竟第 63 條下的要求是否「合乎比例」（proportionate）？這些對「憲制法理學」（constituational jurisprudence）不必要的冗長分析是因為對「**刑事控告**」一詞作出扭曲解釋的後果。然而，我們不能忘記的是，這個詞語差不多是香港刑事法庭中最常用的，而其意思從未被質疑過。

經過對第 63 條的「憲制性」費力的分析後，法庭認為《香港人權法案條例》第 10 條沒有被違反。然而，這個結果卻未能令人心安，因為該案不幸地加強了法庭對條文解讀採取錯誤的做法，也鼓勵大律師繼續放任下去。

另外一個例子，就是潘蓮花訴環境衛生署署長（*HCAL73/2013* 和 *HCAL 110/2013*，林雲浩法官，31/8/2018）一案。具體案情分析及司法錯位，我在本書第一部分的引言中已有詳論，此處不再重複。

可惜的是，源自海外法理學的抽象原則已取代了常理，輾碎了普通法那明快的邏輯。隨着 2047 年 6 月越來越接近，這種趨勢對普通法在香港剩下的日子裏的發展大為不妙，亦預示了災難的來臨。

第二部分

普通法崩潰，自由還在嗎？

引言

當英國國旗在臨近 1997 年 6 月 30 日午夜時分徐徐降下而中國國旗相應升起之時，管治香港特區的《基本法》開始生效，保障普通法制度在香港特區五十年不變。

有個想法催促着這本小冊子的誕生：這種在香港實行的制度，在 2047 年 6 月 30 日午夜鐘聲想起時註定要消逝嗎？

在香港沒有甚麼比這個問題更重要了。

彼時，香港或可依然位列世界第三大金融中心。香港站立於一個重要的基石之上：普通法。如果普通法崩潰，香港仍能保持這個排名嗎？

在偉大的中國內部，香港特區有着非常特殊的地位。而在廣大的普通法世界中，香港這個地區也是獨一無二的。

在長達一個半世紀的時間裏，英國保持為一個大帝國。當歷史潮流退去，英國留下了一個有效而強大的法律系統，支配

着許多亞洲國家直到今天，一直延伸到它們從殖民統治下取得獨立之後很久。新加坡就是一個光輝的例證。當然還有美國、加拿大、澳洲、新西蘭、許多非洲國家以及美洲加勒比海國家。當然也包括香港特區。

不過，與所有其他的普通法國家和地區不同，香港特區的普通法制度有一個保質期。就像灰姑娘的金色馬車，在 2047 年 6 月 30 日午夜鐘聲響起時會變成一個南瓜囊，除非那個救命恩人的魔法杖再次揮動。

上一次，即 30 多年前，當香港地區的前途問題出現時，決策者是兩個主權國家——中國和英國。執行他們之廣泛指令的人多麼的英明和富有遠見。其結果就是《中英聯合聲明》，並衍生了《基本法》。這就保障了香港的制度和生活方式從 1997 年 7 月 1 日起保持五十年不變。

五十年的一半就要到期了。

不久之後，香港的未來或許會再一次處於平衡——或許就在距今若干年的時候。這一次不會再存在一個主權國家為其爭取了。香港將要獨自面對。香港的社會領袖們需要起來面對香港的前途問題，爭取其現行的制度保持不變，並爭取香港繼續作為國際金融中心。

可以保證（抑或是想當然）在 2047 年 6 月 30 日之後，香港的普通法制度可以再延期 50 年或甚至 100 年嗎？

普通法是香港每一種制度和活動形式的基礎，有其社會性、經濟性和政治性。它是香港演化成為一個最重要的世界金融中心的主要原因。如今追求更廣泛民主的呼聲日高，更受大規模街頭示威放大，但這一追求若欠缺普通法的根基則毫無意義。

近來的街頭示威引起了諸多暴力，包括在立法會議事廳中大肆破壞泄憤。這造成了大量的財物損失。許多人（包括警察）都因而受傷。

隨後將有一系列的刑事罪行檢控。這些檢控將在裁判法院和地區法院進行。

或會有很多人嘗試將這些案件轉化為「政治審判」（political trials），將司法焦點從被控嫌疑人的所作所為，轉移到警察的行為和政府當局的政策之上。法庭如何處理這些挑戰將是對其司法效率的真正考驗。

過往 20 多年的記錄中沒有給出多少樂觀的希望。我在本書第一部分「香港司法夢遊向 2047？」提供了諸多案例，表明法律的自律性已不掌握在法庭的手中，由此導致這個系統遭到嚴重濫用。

普通法是個有效的法律系統，在於它總是講求實際。它的焦點在於提供救濟和實際解決方案。它的精神可被總結為一句法律諺語：「**無救濟則無所謂過錯**」。這是中英兩國在 1984 年同意在香港地區回歸之後應繼續實施的法律制度。

　　然而緩慢地，暗暗地，在過去 20 多年時間裏，這一系統逐漸失去了其效能。法庭程序受到律師意見主導。在律師言詞的氾濫下，真實議題被擱置一旁。常理被淹沒了。

　　這一趨勢必須被制止和逆轉，因為很快會提出如下問題：香港普通法還能適合其法治目的嗎？它有能力處理今天的社會與政治狀況嗎？

　　這部分將給出進一步的案例，說明法院系統是如何令更廣泛的公共利益受損，並向全世界展示其不適合法治的目的，正在夢遊向 2047 年。

以 *Cheung Tak Wing v Director of Administration [HCAL136/
2014]* 一案為例，其中高等法院法官宣佈行政署長（Director of
Administration）所發佈的限制進入政府總部前地進行公共示威
與抗議的許可計劃（scheme）屬於違憲和非法。

任何有理性的人，如果有時間和耐性讀完這份 2018 年 11
月 19 日頒佈的 30 頁判決之後，都會對結果感為震撼。

該案關注的是一宗司法覆核申請。這是由一名媒體攝影
記者提出的，他早在 2013 年就透過設置一頂帳篷並在其中
過夜，發起了在政府總部前地的「一人抗議」。現場展示了抗
議標語。

「公民廣場」（Civic Square）是有些人對這片政府總部前地
的稱呼。這片區域包括一個圓形的升旗平台、一個供前往政府
總部和毗鄰的立法會辦公大樓的車輛上落客迴旋處，以及一條

供行人使用的狹窄通道。

這些皆屬於政府財產，由負責政府事務管理的行政署長控制。政府主要秘書長的辦公室和會議室都位於那裏。

政府總部前地被一些人認為是「一國兩制」原則下運作的政府管治核心的象徵，因而被視為舉行公共抗議和示威的最佳場所。

當該案申請人舉行其「一人抗議」時，這片區域是完全對公眾開放的。但隨着出現各種滋擾，政府以「公共秩序事件」（public order events）為由關閉了廣場，並在四周豎起了高的柵欄。這片區域除了在政府總部和立法會辦公大樓有正當事務安排而需要開放之外，被有效的關閉了相當的時間。

許可計劃

當周邊的柵欄建好之後，這片前地重新開放，行政署長當時發佈了如下指引：

添馬的政府總部

位於添馬的政府總部屬於政府財產，其佔有的土地歸於行政署長控制，行政署長負責管理相關區域及建築物，以安全、清潔與適宜的管理方式為原則。政府總部並非公共場所，進入前需事先得到行政署長的許可。

前地東翼用作公共集會／遊行的原則

行政署承認並接受在維持秩序及有效運用條件下，將政府總部相關區域作為公共意見表達之地的訴求。為求平衡相關考量，政府總部前地東翼在每週日及公眾假期的上午 10 時至下午 6 時 30 分開放給公眾舉行公共集會／遊行，但需事先向行政署長提出申請並取得許可……

申請使用許可

2014 年 9 月 17 日，該案的申請人尋求許可，讓其在 9 月 19 日（週五）上午 9 時至下午 7 時使用政府前地作公共集會用途。依據上述指引，該申請被拒絕。故申請人提起司法覆核，尋求法院宣告上述指引屬於違憲和非法。

尋求平衡

同位於中環的添馬公園設有公共開放空間，那裏的示威和抗議集會可以在事先通知警方的條件下舉行。如果參與者人數低於《公安條例》（Public Order Ordinance）規定的人數，則甚至不需要事先通知。

在週一到週五禁止進入政府前地，以及在週日和公眾假期進入需尋求行政署長之許可的要求，超出了通常的公共秩序問題。對絕大多數人而言，從週一到週五禁止在政府前地舉行抗議活動的需求是明顯的，而在週日及公眾假期的抗議活動需取

得許可也是合情合理的。

政府的事務是一種一週 7 天、一天 24 小時的全天候運作。它不能僅僅因為是週日或公眾假期就暫停。全部的分別就在於，在這些特定日子裏，公務員通常不用到政府總部上班，而普通人則不會到政府總部和立法會辦公大樓辦理私人事務。對政府前地的一般性使用會相對減少。公共集會和示威可相應減低對其他事務的干擾。

牽涉到「公共秩序事件」的實際考慮眾多。抗議和示威可以產生暴力化的對立觀點；它們可能在過程中失控；需要為羣體聚集的秩序控制作出準備；事件過後的清場操作也是必要的。如果示威活動發生在政府總部前地，它們可能會與週日及公眾假期在政府總部為海外來賓舉行的重要會議發生衝突。

政府總部前地的某次示威活動會否干擾到政府事務，是一個關乎具體環境和程度的問題，僅能由行政署長在警方協助下作出合理裁斷。

通常而言，行政署長的「許可計劃」旨在於合理約束條件下促進公共意見的表達，而不是加以禁止。此外，如前面所提及，如果基於某些原因，組織者希望在平日舉行活動，附近其他地方也可供抗議者集會並表達意見。

那麼，這一在行政指引中關於准入場地的許可計劃的規定，又怎麼會被法庭宣告為違憲和非法呢？

這又是另一個司法詭辯戰勝常識的故事。

一個基本的憲法爭議點

禁止酷刑、非人道和有損尊嚴的對待及類似原則，以及《基本法》保障的各種權利與自由，都是依情況而定的；那就是說，一項受保障的權利，諸如言論自由、結社自由、遊行和示威自由（《基本法》第 27 條）是否牽涉進具體的案件，取決於該項權利主張提出時的具體情況。對於未有參加相關活動的其他人的權利，也必須得到尊重。

在一場古典音樂會上舉行抗議活動，從理論上來說，是一種自我表達行為的實踐。然而，沒有任何有理智之人會認為這種受到《基本法》保障的言論自由在這種情況下是相關的。法律會保障音樂會聽眾安靜聆聽表演的權利，而將否決任何對這種有序行為規則的憲法挑戰。在這類情況下採取「比例」（proportionality）分析以決定有關爭議的做法非常荒唐。若非如此，《基本法》事實上就會成為律師們的玩物：對他們自己沒有甚麼後果，但對公眾的損害極大。

法官的推理

在本質上，*Cheung Tak Wing v Director of Administration* 一案的法官的推理邏輯如下：

(1) 政府擁有政府總部前地並掌握其所有權的事實，並不意味着行政署長可以不顧及個人受保障的言論和示威自由而強加使用規則。這裏，法官似乎遵從了

香港終審法院在 *HKSAR v Fong Kwok Shan Christine [FACC 2/2017; 4/10/2017]* 一案中的司法邏輯。

在判決書第 47 段，法官講道：「……私人財產權不能壓倒基本權利……無論是國有財產抑或政府財產，**原則上政府都不能錯誤地認為它有着不受限制**的所有者權益，以用來排除公眾或授予進入許可。」

(2)「不管是國有財產、政府財產、商業財產抑或私人居民財產」，**只要**牽涉到潛在示威者在任何一種財產內的活動，那麼言論自由、結社自由和示威自由的權利就是相關的。（判決書第 46 段）

(3) 因此，在每一個類似案件中，比例分析（由歐洲人權法院首創並被香港法院接受）必須被用於決定有關規則的「合憲性」；對平日及週六申請的「全面拒絕」（blanket refusal）以及對週日與法定假日申請的許可要求，是「不合比例的」；決策者沒有考慮申請人預計活動的「方式」和「地點」，以及「潛在參與者的數量」。法官聲稱，一種合理的比例化路徑要求一種**「個體化和細微化的評估」**，且必須「傾向這樣一種可能性：即在例外情形下，即使表面上場地不合適，這類權利也必須被牽涉其中。」

(4) 這一分析路徑同樣適用於週日及法定假期的許可申請。

這一判決有大量篇幅處理大律師關於這些議題的論點以及從世界各地援引來的案例。他們將推理過程歸結為：對平日及

週六申請的「全面限制」(blanket restrictions) 以及對週日及法定假期申請的許可要求，屬於太過寬泛及一般化；這些規定無法通過「比例」測試；因此整個行政計劃都是違憲和非法的。

法官提到，「例如⋯⋯該計劃甚至不允許一個申請者在平日及週六僅僅是以獨坐方式在政府總部前地進行示威。不能夠令人設想，這種示威活動會以實質形式影響到政府總部的正常運作。」(判決書第 73 段)

一種非常的結果

應怎樣設計規則以傾向於對預期的示威活動（就其本質具有無窮的多樣性）進行「個體化和細微化的評估」，從而保障規則本身「合憲」與「合法」，這一點從未得到解釋。可操作的實例也從未被考慮：例如，當大批帶有不同動機和議程的人羣趕來示威時，如何預期低薪酬的保安人員可根據一個浮動的基礎進行「細微化評估」，並在入口處執行其職務。

一個顛倒的世界

該案法官的分析路徑是上下顛倒的。

如管理指引所言，相關限制規則是為了在促進言論自由的需求與保障政府總部有序及有效運作的需求之間尋求平衡。這些規則並非施加在促進某些私人財產權之上。香港的每個人（包括預期的示威者自身）在有序及有效的政府運作中都有利

益存在。這就是那些規則設定的目的。而這裏卻有一個單獨示威者聲稱：「不用在乎這些規則是為了 730 萬香港居民而設。我希望改變規則以保障我靜坐抗議的願望；這是《基本法》賦予我的權利。」

這就是該申請所包含的自由民主規範和價值嗎？這真的是《基本法》規定的目的嗎？

諷刺的是，該申請案只牽涉到歐洲人權原則。申請人（通過其律師）實際上提出了一種「一人統治」（one-man rule）宣言。即一個人的願望可以壓倒 730 萬同胞公民的利益。而法官接受了這一點。對《基本法》的合理解釋能夠衍生出這一結果嗎？

這位法官的倒置邏輯，其根源在於先前引述的一個案例，即 *HKSAR v Fong Kwok Shan*，終審法院在其判決中以「基本權利不能向財產權利讓步」為題展開其核心論證。

終審法院的判決在 2017 年 10 月 4 日頒佈，大約在 *Cheung Tak Wing v Director of Administration* 一案聆訊後的一個月，該案正在休庭待判。當終審法院頒佈 *Fong Kwok Shan* 案的判決後，那位高院法官從該案大律師那裏尋求到進一步的書面呈報材料，並在一年多後頒佈了自己的判決。該法官聲稱，終審法院的判決「在決定該申請合法性時有着至關重要與深遠的影響。」（判決書第 41 段）

終審法院實際上是在向下級法院傳遞了「金杯毒酒」（poisoned chalice）。

HKSAR v Fong Kwok Shan, Christine

在該案中，上訴人方國珊是一名西貢區區議員，她曾在 2014 年 5 月兩次出席立法會一個小組委員會會議期間進行抗議，並在公眾旁聽席喧譁吵鬧。

在第一次參會中，她身穿的 T 恤上展示了一個標語，而她的其中一名助理展示了一張繪有納粹萬字符的海報及另一個標語牌。此舉在立法會公眾旁聽席上引起了混亂，導致小組委員會會議休會。

在第二次參會中，她和其他幾個人在立法會公眾旁聽席上宣讀口號；小組委員會主席警告他們若不停止將被驅逐出議事廳。他們無視警告，驅逐行動展開，這導致會議暫停，最終在另一個會議室重新召開。

她在裁判法院被控違反《立法會（權力及特權）條例》設定的有關規則。

在第一次參會事件中，她被控在公眾旁聽席非法展示標誌物和信息。

在第二次參會事件中，她被控在立法會議事廳區域內進行破壞秩序的行為。

本案有關事實並無異議。在第一項指控中，她單純展示了所謂的「標誌物和信息」，造成了公眾旁聽席上的混亂。在第二項指控中，她同樣是以一種單純破壞秩序的方式行事。

她的兩項指控均被定罪，各被處以 1,000 港元罰款。她在上訴至香港高院時，依據《基本法》第 27 條和《香港人權法案條例》第 16 條所保障的言論自由，向立法會議事規則提出了憲制性質疑（constitutional challenge）。她的訴求被駁回，負責審理的黃崇厚法官（Wong J）在判決中指明：

> 公眾成員無權在立法會建築物內示威，尤其是在會議進行當中……我堅決認為，上訴人提及的權利並未被侵犯。無論是《基本法》還是《香港人權法案條例》均未賦予公眾成員在立法會議事廳內行使有關權利的自由，特別是當他們沒有進入立法會議事廳之絕對權利的時候。

這就是一種對法律的簡明、清晰的陳述，完全是依據常識作出的。

終審法院的金杯毒酒

在進一步向終審法院的上訴過程中，爭議點轉向了一個常識無法企及的領域，其結果就是給下級法院傳遞了金杯毒酒。

終審法院面臨的問題直截了當。到底黃法官關於《基本法》第 27 條和《香港人權法案條例》第 16 條適用於立法會議事規則的解釋是否正確？

《基本法》第 27 條規定如下：

香港居民享有言論、新聞、出版的自由，結社、集會、遊行、示威的自由，組織和參加工會、罷工的權利和自由。

《香港人權法案條例》第 16 條規定如下：

(1) 人人有保持意見不受干預之權利。

(2) 人人有表達自由之權利；此種權利包括以語言、文字或出版物、藝術或自己選擇之其它方式，不分國界，尋求、接受及傳播各種消息及思想之自由。

(3) 本條第 (二) 項所載權利之行使，附有特別責任及義務，故得予以某種限制，但此種限制以經法律規定，且為下列各項所必要者為限——

　　(a) 尊重他人權利或名譽；或

　　(b) 保障國家安全或公共秩序，或公共衛生或風化。

加拿大的視角

終審法院的分析路徑，是首先檢視加拿大最高法院對一宗案件的判決，該案即加拿大聯邦委員會訴加拿大（*Committee for the Commonwealth of Canada v Canada [1991] 1 SCR 139*），其中被告曾在蒙特利爾機場的國有航運站散發傳單，並引發來往乘客對其政治目的作出討論。他被依據規管加拿大機場的條例加以檢控。然而問題在於：那些條例無法覆蓋適用到被告的行為；它們只與機場的商業活動有關；被告的行為顯然不屬於商業性質。

因此，該項檢控不得不依賴英國國王在普通法上的所有權來禁止在相應財產範圍內的行為，從而對被告定罪。

而終審法院通過加拿大的司法棱鏡來審視香港的本土事務，並不是一種最佳的路徑。這種做法幾乎肯定會導致法律扭曲。

「強硬路線」下的論點

終審法院將加拿大政府在加拿大法庭上提出的「強硬路線」（hard line）論點描述為：利用任何政府財產從事公共言論目的的任何憲法權利並不存在；政府作為財產所有人，只要其願意，它擁有絕對權利排除將該財產用於公共言論之用途；財產所有人擁有廣泛權利控制進入財產的其他人並決定該財產的用途，這一權利延伸至在該財產上控制言論的權利；國王所處之所有人地位不應低於私人財產所有者。

這與終審法院所面對的 *Fong Kwok Shan* 一案相去甚遠。這個案例中所面對的問題僅僅是規管立法會大樓內行為的立法會規則有否違反《基本法》。上訴人觸犯立法會規則的有關行為本身從未產生異議。這就與加拿大案例中所涉規則並不能覆蓋適用到被告行為之上這一點存在尖銳的差異。

代理加拿大政府的大律師在加拿大法庭上選擇以國王所有權進行辯論的做法，基本上並非對香港案例所涉的個人自由言論權利進行合理《基本法》解釋的最佳路徑。

而且，將加拿大政府對政府土地的使用和控制等同於私人土地所有權，在香港法律觀點看來，顯屬奇談怪論。

土地上的所有權

私人財產所有者依其意願（在法律限制範圍內）使用其土地。正如張舉能法官（Andrew Cheung J）在 *HKSAR v Au Kwok Kuen* 一案中所言：「……若無任何進入許可，和平集會的權利及言論自由的權利除了受制於物理或地理限制之外，應於歸屬他人的私人居所邊界外止步。」

私人財產所有者沒有將其財產用於公共善（public good）的一般性義務。這與政府對政府土地上的義務有着尖銳的對比，政府大致上總是服務社會本身。香港特區政府沒有可供服務的「私人財產利益」。

在 *Fong Kwok Shan* 一案中，控制公眾旁聽席的立法會規則並非為了維護財產權利。為了立法機構能合理運轉，公眾旁聽席不應受到干擾或破壞秩序行為的衝擊；整個社會的公共利益對此有要求；規管立法會大樓內的行為的有關規則大致上是為了整個社會的利益而制定的。理解這一點毋須對海外的權威案例進行深度學習或參考。

當高院原訟法庭的黃崇厚法官認為《基本法》並未牽涉其中時，他是對的。如其所言：無論是《基本法》還是《香港人權法案條例》均未授權公眾成員在公眾旁聽席行使其抗議和示

威的自由。僅此而已。

從《基本法》第 27 條或任何其他地方無法找到任何關於私人自由行使的「場地權利」(right of venue)。

終審法院的路徑

與黃法官對香港《基本法》清晰而直觀的解釋不同,終審法院一躍而進入了詭辯的地帶。它因不適用於香港案例而否決了加拿大政府的「強硬路線」論點,這導致它轉而檢視英國案例,其中抗議活動的「方式和形式」(manner and form) 被當作抗議活動本身。接着就開放了這種假設性問題:在此類預設情景中,抗議與示威活動的「方式和形式」如何塑造法律之回應方案。

就《基本法》第 27 條應當如何解釋的問題,上述做法對行政當局或下級法院而言絕非清晰的指引。

在終審法院判決書第 40 段有這樣的論述:

> 一個人在行使言論自由的權利時……是有選擇的。如果其言論是通過郵政服務、傳統媒體傳播或互聯網發佈的方式進行,則不涉及任何的現場活動。但是當這種言論是通過在某個現實地點尋求、接受或告知相關信息或觀念的方式而進行時,則其權利行使就會具有多樣化的地點與時間維度。有關選擇(其他事項除外)必須決定該自由在行使時是以何時、何地、何種方式並用多長時間來完成。

終審法院聲稱，這些在行使個人權利時的「多樣化維度」（various dimensions），「在英國的多宗涉及示威的案例中得到承認，那些示威採取了在著名或具象徵意義的重要地點建起帳篷宿營的形式。其中一個案例牽涉到奧爾德馬斯頓婦女和平營（Aldermaston Women's Peace Camp），該組織已連續 23 年進行反對核武器的抗議，當中的婦女成員在每個月的一個週末均會到鄰近武器庫的政府土地上集會。」

這個婦女和平營在一片公眾區域內建立，沒有任何進入限制。管理細則允許公眾進入並於該區域停留——但不得在那裏設置帳篷。但事實上帳篷已在奧爾德馬斯頓設置了超過 20 年。這就引起了數十年後的執法行動。

以上的英國案例與香港立法會大樓的行為管理規則的適用有何關連，很令人費解。在「討論」抗議活動的「方式」和「形式」時，終審法院的判決長達數十頁，卻只留下了關於《基本法》第 27 條規定的權利，到底在法律上有何要求這關鍵問題上一個模糊不清的痕跡。

司法結果

終審法院最終支持了對抗議者的定罪，但在過程中卻給下級法院留下了金杯毒酒。在判決書的第 51 段，終審法院指出，在**任何一個案件**中——即使是在機場控制塔或法官的私人辦公室進行公共言論的極端情況下（援引來自加拿大最高法院麥嘉

琳法官（Beverley McLachlin）的判決）——一種「**比例分析**」必須被接納採用，以確保做到「**個人化和細微化的評估**」。這一用語來自 *Cheung Tak Wing* 一案中的區慶祥法官（Au J），導致在那個案件中非常荒唐的結果。

「個人化和細微化的評估」

　　終審法院留下的解釋規則是這樣的：一旦某人宣稱他或她在《基本法》上說明的言論自由權利，無論具體情形如何，決策者都必須引入一種比例分析，以評估他或她的意願、他或她的預期行為，以及其對其他人權利與行為的影響，進而得出這一言論自由權利是否受到《基本法》保障的結論。

　　這一解釋規則的直接結果就是 *Cheung Tak Wing* 一案中非常不幸的判決。

第九章

一地兩檢

以下舉出涉及西九龍高鐵站快速鐵路服務之一地兩檢（co-location）計劃那個臭名昭著的案例：**梁國雄等訴運輸署署長、律政司司長和行政長官**（*Leung Kwok Hung & Others v Secretary for Transport, Secretary for Justice and Chief Executive [HCAL 1160/2018, 13/12/2018]*）。

經過在邊境兩地的政府就相關計劃進行最為慎重的研究與磋商後，立法會最終通過了《廣深港高鐵（一地兩檢）條例》。該條例於 2018 年 6 月 21 日經行政長官簽署同意後刊憲生效。

該條例遵照全國人大常委會 2017 年 12 月 27 日關於准許「一地兩檢」安排的聲明，包括在西九龍高鐵站設置一個內地口岸區（Mainland Port Area），並毫不含糊地宣佈這一安排符合國家憲法和《基本法》。該條例按照准許使相關安排具體生效。

2018 年 9 月 23 日，高鐵項目正式啟用，列車開始營運。所有的出入境、海關以及檢疫程序，無論是香港執法還是內地

執法，都在同一座大樓內處理。基於明顯的理由，內地官員執法時遵循的是內地法律和程序。基於同樣明顯的理由，在（租借給中央政府的）內地口岸區適用內地法律。

所謂的「憲制性質疑」

接着出現了由四個人提起的憲制性質疑（constitutional challenge）。

挑戰的實質在於：由該條例規定的整個安排被指違反《基本法》；由立法機構通過及行政長官同意的法例屬於「違憲」。

最終，12 名大律師，其中 6 名為資深大律師，帶領他們的事務律師團隊，在高等法院法官面前出現，就該案議題進行了整整兩天（2018 年 10 月 30 日及 31 日）的辯論。彼時，高鐵列車已運營一個多月。當法官在 2018 年 12 月 13 日頒佈判決時，高鐵列車已運營近三個月。

法官的判決

判決體量龐大，長達 56 頁。多麼勤勉的努力。多麼艱苦的工作。如此具有誤導性。除了將司法過程政治化外，這一判決並不產生任何可能的結果，完全不着邊際。

這份判決就該高鐵接駁計劃的構思過程提供了綜合性的歷史敍事。它詳細敍述了該計劃所涉及的法律和實踐問題如

何通過審慎規劃來解決，結果建成了把香港連接國家網絡的高鐵系統：這些敍述無異於一種生動的歷史分析，但這是法庭的功能嗎？

這位法官得出結論，認為「一地兩檢」的安排，即將兩地的出入境、海關、檢疫整合在一座大樓裏處理，是「合理的」，也是「有意義的」。沒有人會就此計劃提出爭議。

如果法律的自律性佔主導的話，這份判決或許就此打住，有關申請被直接駁回。

「但是⋯⋯」

但是這位法官接着拋出了這樣一句似是而非的話：「[這一安排]是否得到合法許可是一個獨立問題，我將在判決的後文處理。」而他在之後花了大量篇幅處理此點。

這位法官此處所言到底指的是甚麼呢？

問題轉向這裏：一項牽涉到香港與內地的大型基建計劃，耗資數十億元，需要投入多年規劃及更長時間來建設，得到了全國人大常委會批准，並獲得香港法規支持，已經建成並投入運營，但卻仍然可被一名香港法官的一紙判決廢止。

這代表了怎樣的一種暴政？帝王法官已經發令。顫抖並服從吧！

弗蘭肯斯坦法

此案的這種司法路徑否定了民主原則。它違背了常識。

它不是普通法的路徑，也不是斯特拉斯堡法。它是弗蘭肯斯坦法（Frankenstein Law）。

如果這種路徑正確，法庭就會培育出一種荒誕、強大的怪物，它可以精明地吞噬自身，摧毀安頓它的特定結構。而所謂的《基本法》，不再是香港和平與穩定的保障，反成了一種具有大規模殺傷力的武器。

尋求啟動訴訟程序

四名原告尋求法官准許啟動司法覆核的訴訟程序，他們在高鐵項目上並沒有比普通香港人更大的利益或擁有更強的立場。

而他們聲稱要通過司法覆核程序推翻這個項目，而該項目卻得到了香港絕大多數人同意，認為符合香港社會利益及更寬泛的國家利益。

法官面臨的真實議題

法官在判決中開門見山，提出本案的議題是「一地兩檢」條例有否違反《基本法》。就這句話已經暴露了他沒能掌握自

身憲法角色的重要性；因為這並非他要處理的真實議題。

兩個根本的要點被忽視或忽略：

(1) 法官所面臨的僅僅是關於訴訟程序啟動的申請。別
　　無其他。

(2) 真實的問題在於，申請人在目前程序中應否當被准
　　許在法庭面前提出他們的論點。

如果法律的自律性得到關注，相關申請就應當只由一名內
庭法官審理。在收到有關申請文件（包括尋求啟動訴訟程序的
第 86 號表格）後，法官心中的第一考量因素應當是存在甚麼
實際救濟方案。

他的思考應當沿着如下線索進行：我在這裏，在自己的辦
公室裏閱讀案件材料；在外面，人們為自己的事務各自奔波，
在西九龍出入境大樓進進出出，登上或步出高鐵列車；火車按
照嚴格的時間表運行；數以千計的人牽涉其中。現在，你們這
些申請人聲稱賦予整個計劃合法性基礎的「一地兩檢」條例違
憲；你們聲稱自己是利害關係人並尋求我准許啟動司法覆核程
序。但是你們最終尋求怎樣的救濟呢？你們最終想要怎樣的法
庭命令呢？

你們是想要一個關於「一地兩檢」條例（由立法會通過並
由行政長官依據正當程序簽署生效）「違憲」的正式宣告嗎？
那只是一種司法言辭而已。你們想從那樣的司法言辭中得到甚
麼結果呢？關閉整個高鐵系統？停運所有列車？將內地執法官

員趕出西九龍內地口岸區？不是？那麼你們這些申請到底有何意義呢？

如今，要麼是這些提議的法律程序有其真實結果，要麼根本沒有。不應當是兩種結果都有。

如前所述，法官面臨的問題僅僅是關於司法覆核訴訟程序的啟動申請。在這一點上，受影響的僅僅是申請人自身。

然而一旦允許訴訟程序啟動，司法覆核就不僅影響到申請人，更會影響到香港和內地的所有人。

司法覆核

司法覆核應當關注公共行政的過程；法院需要處理的是實際公共事務，而不是學術討論。

司法救濟是裁量性的，總是在良好管治、合理行政及社會最佳利益的情況下實施。全世界沒有哪個普通法管轄區會允許這種司法程序摧毀良好管治，破壞合理行政，以及損害社會利益。

如果這位法官稍有片刻考慮到其真實的憲法角色，他就不會醉心於大律師提出關於「一地兩檢」條例有否抵觸《基本法》的問題：這條路徑遠離了一個基本事實，即全國人大常委會的決定對法官無疑是有約束力的。

言辭的狂歡

悲哀的是，政府的辯護律師不是去提醒法官其真實的憲法角色，而是連自己也參與了申請人的遊戲，以論點對論點展開辯論。

兩天的法庭辯論完全是司法言辭的狂歡：一種獅舞表演，雙方的大律師（無論是政府辯護律師還是申請人的律師）均以雜技演員的角色在法官面前表演儀式。所舞的獅子沒有牙齒。這是一種除了暴露法庭程序無聊之外別無所指的精緻猜謎遊戲。完全是一場鬧劇。

專家的辯論

這場聆訊的另一個怪誕面向是：兩位專家被傳召到庭作為證人，包括王磊教授和傅華伶教授，二人均為著名學者，他們就全國人大常委會到底應當依據《基本法》第 158(1) 條作出「解釋」（interpretation）還是「決定」（decision）展開辯論。法官在判決中花了近六頁篇幅回應這場無意義的辯論。

關於該案可以基於上述概念區分而展開的觀念十分荒唐。再者，法官本身也在判決書第 58 段提到，終審法院已在先前案例中取消了這一區分，認為《基本法》第 158(1) 是「自成一體的」（free-standing），而且全國人大常委會在該條款下的權力不受限制。為何法庭會把時間浪費在這種議題上，實在令人費解。

政治問題

值得指出的是：這位法官處理所謂「憲制性質疑」的管轄範圍來自《高等法院條例》（High Court Ordinance）第 21k 條。其中第 (3) 項規定：

> 除非法院認為申請人與申請所關乎的事宜有充分利害關係，否則不得批予提出該項申請的許可。

如前所述，該案相關申請人在高鐵項目中沒有比普通香港人更大的利益。他們的申請完全是出於政治動機，別無其他。然而他們試圖啟動司法覆核程序的立場卻從未遭受質疑。

終審法院首席大法官在 2019 法律年度開啟典禮的正式致辭中，提及法庭必須裁決具爭議性的政治或社會事件：

> 嚴格而言，不夠準確的說法是，當法庭被召喚去處理這類案件時，它們就已身陷其中。

如果法律的自律性得到關注，法庭是否「身陷其中」的問題就不會產生。這類性質的申請本應在一開始就在內庭予以駁回，不應當得見天日。所謂法庭「身陷其中」只是咎由自取。

第十章

規劃的濫用

論述主題

這一章論述的主題是：香港通過香港法例第 131 章《城市規劃條例》(Town Planning Ordinance) 實施關於城市規劃與土地利用的法定計劃，在近年來遭受扭曲和濫用。

法庭已完全無視載入該條例中的核心原則：香港的規劃責任最終落在行政長官會同行政會議的決策機制。正如哈特曼法官 (Hartmann J) 在保護海港協會訴行政長官會同行政會議 (*Society for Protection of the Harbour v Chief Executive in Council [HCAL 102/2003, 9/3/2004, para.58]*) 一案中所言，行政長官會同行政會議「是規劃事務的源頭，也是規劃權力產生和收回的來源。」

城市規劃委員會的角色

城市規劃委員會（簡稱「委員會」）只是政府的一個行政機構，沒有其他角色。

該委員會提出的分區計劃大綱圖（outline zoning plan, OZP）**草案**只是一份**草案**；是一個牽涉到大量公眾參與的行政程序產物。只有在該草案依據《城市規劃條例》第 9(1) 條獲得批准並刊憲之後，才會「作實」。

在此之前，沒有任何土地所有權人和土地使用權人的權利與利益受到實際影響；只有在行政長官會同行政會議已經行使其獨立判斷權批准有關草案之後，有關規劃標準才對依據《城市規劃條例》第 13 條行使權力的政府官員產生約束。隨後（而不是之前）有關的權利和利益**才會**受影響。

此外，《城市規劃條例》第 9(2) 條規定，行政長官會同行政會議可以在適用於規劃草案的有關條例要求未被遵循的條件下，批准該規劃草案：有關要求可以包括要求委員會就「規劃（草案）之準備所必要」的工作進行「諮詢與安排」：這是《城市規劃條例》第 3(2) 條的規定。

近年來，有許多司法案例由個人提出，被告是城市規劃委員會，似乎該委員會成了規劃事務的最終權威。一旦訴訟申請獲批，這些案件就會進入司法覆核程序，而有關司法過程就會走進遠離規劃事務的法律領地。這類訴訟否定了《城市規劃條例》規定的城市規劃計劃。

司法覆核應當僅限於那些權利和利益受到某個行政機構行使權力之不利影響的人；別無其他。它並非不滿公民尋求打擊政府或開展解謎遊戲的平台。

接着需要說明的是，由個體公民通過司法覆核程序提出針對規劃草案的挑戰範圍應當極其有限。

關於高等法院頻繁批出司法覆核許可申請的事實，是近期一種極其惱人的現象。

以 *Chan Ka Lam v Chief Executive in Council & Town Planning Board [CAL 28/2015, Au J. 24/11/2017]* 一案為例。

該案關注的是新界的土地使用，該宗令人震驚的案例說明了法庭如何顛倒法律，否定了《城市規劃條例》之立法目的。這是近年來該制度遭受扭曲之司法病症的徵兆。

案件背景

當英國於 19 世紀末首次控制新界時，那裏本質上完全是個農村。對新界的皇家勘查隨後展開；現存的村莊被識別和標示在勘察地圖上。到了 1970 年代，當郊野公園（Country Parks）在新界設置時，許多村莊落在了郊野公園範圍內。這些村莊飛地（enclaves）在勘查地圖上被劃了出來，不受任何形式的法定規劃控制所限。

隨着新界部分地區的城市化，某些村莊仍然有人定居

（儘管不再是農業家庭），其他村莊則被荒廢；某些村莊能較方便地連接公共交通系統，其他村莊則只能通過翻山越嶺才能到達。

2010 年 6 月，非法挖掘工程在西貢郊野公園的飛地西灣展開，激起了公憤並觸發了政府的即時反應。結果就是，城市規劃委員會接受行政長官指令，準備草擬發展審批地區圖（Development Permission Area plans，即 DPA plans），以便對所有發展計劃實施為期三年的凍結令，擱置推出相應區域的分區計劃大綱圖（OZPs）。

Chan Ka Lam 一案關注以下三個飛地區域的分區計劃大綱圖草案：

- 海下（位於西貢西郊野公園內）
- 白臘（位於西貢東郊野公園內）
- 鎖羅盆（位於船灣郊野公園內）

特別受關注的是分區計劃大綱圖草案中 "V" 區域的指定，亦即這些區域被標記出來，用於開發新界小型屋宇（Small Houses）計劃，以及這類開發與諸如標記為 "CA"（Conservation Areas）的保留區域的兼容性，以保護現存的自然風景、生態與地形特徵。

規劃程序

為了讓城市規劃委員會準備分區計劃大綱圖草案，規劃

署（Planning Department）承擔了針對利益相關者的廣泛諮詢工作，包括諮詢鄉議局和區議會；規劃署進行了實地拜訪，諮詢專家以及進行田野調查。規劃署進行的諮詢包括尋求地理學家、生態學家、海洋生物學家以及水文學家對於規劃草案上標示的 "V" 區域增加更多小型屋宇可能對周圍自然與生態系統帶來的影響的建議。例如，污水處理可能是個問題，因為上述三個飛地均未連接主下水道系統；人類排泄物的處理有賴於化糞池和污水滲透坑。

另一方面，新界原居民的傳統權利和利益必須得到保護（《基本法》第 40 條），這就意味着在分區計劃大綱圖上必須為新界小型屋宇的選址配置適當條款。廣義地說，規劃程序就成了在保護自然環境與滿足社會需求之間的一種平衡。

那時關於上述地點的有關信息如下：

- 海下有大約 100 名居民和 30 幢新界小型屋宇。這塊飛地的北部是海下灣海岸公園。
- 白臘有大約 50 名居民。這塊飛地毗鄰白臘灣。
- 鎖羅盆沒有居民。這個村莊已被荒廢多年，完全恢復了自然狀態，僅留下了先前是傳統村落屋宇那些尚可辨識的斷壁殘垣。

2013 年 9 月 27 日，上述三個飛地的分區計劃大綱圖草案發佈，展開公眾諮詢。

海下和白臘

關於海下和白臘，一般規劃意向是這樣陳述的：

> ……為了保護自然風景和保育價值，為了保護自然與鄉村特徵、文化遺產以及為未來的小型屋宇供地……
>
> 在分配該區域的不同分區時，考量因素指向保護生態與風景的重要性，包括構成西貢西郊野公園和海下灣海岸公園更廣闊大自然系統的海下風水林地。考量因素同樣也指向界定未來小型屋宇開發的區域。

鎖羅盆

至於鎖羅盆，一般規劃意向是這樣陳述的：

> ……為了保護該地的高程度保育及風景價值，這些補足了周邊船灣郊野公園整體的自然屬性和美麗風景，並為了鞏固村莊 [原文如此] 以避免對自然環境產生不必要的滋擾和對該區域有限基礎設施造成過重的負擔。

從鎖羅盆的廢墟來看，古老村莊曾經佔據了相當大的區域。從規劃的觀點來看，鞏固現有房屋及減少人流是合理的，這樣可為自然留下更多空間。

對 "V" 區域的特定規劃意向

"V" 區域的特定規劃意向是這樣的：

……為了標明既有可辨認的村莊以及適合村莊擴展的土地區域。本區域中的土地主要用於開發供原居民居住的小型屋宇。規劃同樣意向集中村莊的開發類型，達到更有序的開發類型、對土地的有效利用，以及基礎設施和服務的提供。用於服務村民需求及支撐村莊發展的精選商業和社區的用途在新界豁免管制屋宇的地下層是允許的。其他的商業、社區和娛樂用途應當向城市規劃委員會申請許可。

根據上述規劃意向，三份分區計劃大綱圖草案作出了如下安排：

- 關於海下和白臘，在現有的房屋羣的基礎上適度擴展。
- 關於鎖羅盆，鞏固村莊廢墟以「避免對自然環境產生不必要的滋擾」和「對該區域有限基礎設施造成過重的負擔」。這可通過將特定區域標記為 "V" 區域來實現：意向用於開發新界小型屋宇。

反對意見

在上述分區計劃大綱圖草案刊憲公佈後，一共收到超過 10,600 份代表信函以及 3,600 份意見書。它們來自兩個廣義上相互反對的陣營。

其中一個陣營包括村民、鄉議局成員及個人代表，聲稱 "V" 區域限制太多；村民作為原居民的權利受到政府踐踏；

"V" 區域不足以滿足小型屋宇開發的需要。

另一個陣營由立法會議員、區議會議員、非政府組織以及個人代表組成，聲稱 "V" 區域規劃建基於不現實的小型屋宇需求數據之上；新界小型屋宇的進一步開發將會損害該區域的生物棲息地並危及生物物種；海下灣海岸公園及白臘灣的海洋生物將會受到不利影響。他們希望村莊限制於現有空間範圍內。

城市規劃委員會首次開會用了兩個半天，後續開會用了四個整天，以便聽取所有反對意見。委員會在這些會議的結論中，決定縮減規劃草案關於 "V" 區域的面積，以便增加對鄰近區域的環境保育；但是委員會沒有對村莊應當限制於現有空間範圍內的請求讓步。

委員會決策的理由記錄在其會議紀錄中：

• 對海下灣，會議紀錄記載如下：

為了將對自然環境的不利影響降到最低，應當採納一種劃定……"V" 區域用於發展小型屋宇的增量計算方法，以便將小型屋宇發展限定於村內的適當位置。基於這一點，並考慮到海下灣缺乏基礎設施以及在適當位置劃定 "V" 區域以滿足原居民的小型屋宇需求，適合將現有村莊羣的西部區域由 "V" + "GB"（綠化帶）改為 "GB1"。

• 關於白臘灣，會議紀錄寫道：

為了將對自然環境的不利影響降到最低，應當採納一種劃定……"V"區域用於發展小型屋宇的增量計算方法，以便將小型屋宇發展限定於村內的適當位置。基於這一點，並考慮到白臘現時人口較少、缺乏基礎設施以及在適當位置劃定"V"區域以滿足原居民的小型屋宇需求，適合將白臘中部的地塊由"V"改為"AGR"（農業）……考慮到所有相關規劃因素、來自多個政府部門的專家建議，以及來自相關持份者的觀點，整合了擬議修正內容的白臘分區規劃大綱草案……可以在加強白臘區域自然環境保護與滿足原居民小型屋宇建設需求之間達成平衡。

• 關於鎖羅盆，會議紀錄寫道：

為了將對自然環境的不利影響降到最低，應當採納一種劃定"V"區域用於發展小型屋宇的增量計算方法，以便將小型屋宇發展限定於村內的適當位置。基於這一點，並考慮到鎖羅盆現時人口為零、缺乏基礎設施、在適當位置劃定"V"區域以滿足原居民的小型屋宇需求、村民重建農業的強烈願望和相應區域的現有狀況，適合將鎖羅盆東北端和西南端的兩個"V"區域分別改為"AGR"（農業）和"GB"（綠化帶）……考慮到所有相關規劃因素、來自多個政府部門的專家建議以及來自相關持份者的觀點，整合了擬議修正內容的鎖羅盆分區規劃大綱草案可以在加強鎖羅盆自然環境

保護與滿足原居民小型屋宇建設需求之間達成平衡。

土地所有人的利益和權利

所有建築土地必須由 "V" 區域覆蓋，其中「屋宇——僅限於享有豁免管制的新界屋宇」——總能獲得許可。關於農業土地，「農業用途」在分區規劃大綱草案劃定的邊界內通常是允許的。因此不存在剝奪土地所有人的權利……原居民的小型屋宇權利必須得到尊重，且存在於適當位置劃定 V 區域以滿足原居民小型屋宇開發的需求。在鎖羅盆……根據法律建議，在修正後的分區規劃大綱草案中施加規劃控制並不抵觸《基本法》第 6、第 40 及第 105 條……

委員會的一般方法

從上述會議紀錄可見，該委員會關注於原居民聲稱擁有的權利（即通常而言的「丁權」），因而加入劃定的 "V" 區域不限於現有村莊的空間範圍的條款；尤其根據《基本法》第 40 條，就應當如此理解。在鎖羅盆的案例中，不涉及村莊的擴展；那裏完全沒有村莊；反而涉及需要尋找適當地址重建村莊，土地所有人需決定在未來日子恢復曾有的村莊。

關於土地所有人是否實際上希望在未來興建更多小型屋宇，或在鎖羅盆的案例中需重建村莊，實在取決於一大堆不可估量的因素，包括土地所有人的目的，以及香港未來的社會、政治和經濟環境。

委員會面對的是規劃署準備好的數據，以及那些來自鄉村代表的材料，即基於 10 年期預測有資格在上述三地申請興建小型屋宇的男性原居民數量。委員會考慮了一些代表的主張，即某些土地是由地產發展公司擁有。

很難看出規劃署還能做些甚麼事情，以對未來需求作出更精準的評估。

如此，則擬議的村莊擴展計劃非常適中。在海下，只在現有的 30 至 40 間小型屋宇之外最多再增加 10 間。

在白臘灣，新增數字根據人口確定：只由現有的 50 戶最多增加到 120 戶。

在鎖羅盆，屋宇數目完全沒有增加。

刊憲公佈的修訂規劃

修訂規劃於 2014 年 7 月 25 日刊憲公佈。委員會收到了更多的反對意見和代表信函。

委員會於 2014 年 11 月 21 日再召開會議聽取這些進一步的反對和代表信函中的意見。

關於海下和白臘，委員會決定不再進行修訂，但是在鎖羅盆，委員會將原定 "V" 區域的一部分改為 "AGR"（指定用於農業發展的土地）和 "GB"（用於被動休閒目的，在該區域假定不進行開發）。

2014 年 12 月 12 日，發出代表信函和評論的人士被書面告知委員會的最終決定。

規劃草案隨後提交給行政長官。2015 年 2 月 3 日，根據《城市規劃條例》第 9(1) 條，行政長官會同行政會議批准了這三份修訂後的分區規劃大綱草案。2015 年 2 月 13 日，這些規劃作為已獲批准的計劃刊憲並向公眾展示。

司法覆核

申請人在 2015 年 10 月 20 日獲得訴訟許可，並提起了司法覆核程序。訴訟請求的救濟如下：

（1）廢除委員會於 2014 年 11 月 21 日作出關於將規劃草案提交行政長官批准的決定的法庭命令；

（2）廢除行政長官會同行政會議作出關於批准規劃草案的決定的法庭命令；

（3）要求委員會「根據法律」進一步考慮和修訂有關規劃或「以新規劃取代之」的法庭強制令。

法官於 2016 年 10 月 17 至 20 日開庭審理了上述申請，於一年多後的 2017 年 11 月 24 日頒佈判決。

這份判決書長達 62 頁（包括 199 段及 60 個腳註；大量腳註援引了讀者無法獲取的各類文件）。

法官的命令

最終，法官基於以下兩點理由廢除了委員會和行政長官會同行政會議的有關決定：

(1) 有資格在三個飛地申請興建新界小型屋宇的人數，以及誰事實上在未來會申請興建屋宇是「推測性的和無法證實的」(speculative and unverifiable)；此外，以往或未來關於此類許可的申請數量都很少，而且許多土地實際掌握在發展商手裏。因此並不存在擴展村莊飛地的「真實需求」(genuine need)。在這些情況下，委員會依法不能在未進行進一步諮詢下提交規劃草案尋求批准——即《城市規劃條例》第3(2) 條的規定。

(2) 關於海下，委員會有證據顯示，規劃署用以劃定 "CA"（保護區）和 "CFA"（海岸保護區）的勘查地圖在兩個方面存在缺陷：(a) 地圖顯示劃定的 CPA 區域（作為海下灣海岸公園與 "V" 區域之間的緩衝區）對於有效保護海岸而言顯得「太過狹窄」；(b) 穿過私人土地流向海下灣的溪流在勘查計劃中被忽略；這個因素可說是相關的，因為那些溪流可能被進一步村莊類型的房屋發展所污染，並令污水流入海岸公園。再次顯示，爭議點在於委員會未經進一步諮詢即提交了海下規劃草案尋求批准，因而據稱未能履行《城市規劃條例》第3(2) 條規定的法定義務。

關於對行政長官會同行政會議批准規劃決定的廢除的法庭命令，爭議點在於行政長官沒有顯示明知這些缺陷但仍決定批准有關規劃；因而其決策過程受到相同缺陷「污染」，從而使司法干預變得合理化。

大律師的論點

法官採信了祁志資深大律師（Kat SC）的論點：「在那些現有的村莊並不存在原居民興建小型屋宇的**可證明的真實需求**（proven genuine needs）以支撐建議中 V 區域的面積」，而這點使整個規劃過程出現了致命的缺陷。

倒置的邏輯

這完全是分析本案的錯誤路徑。是否存在「真實需求」並不是司法裁決的議題。無論以何種方式，無論多麼努力，「真實需求」也不可能被「證明」。任何試圖這樣去做的努力都是虛幻的。法官被大律師導入了錯誤的境地。

原居民將來會否提出申請是不可預測的。委員會沒有被條例賦予作出預測這項任務。因此，諸多因素牽涉其中，不一定只是原居民產權人的個人需求，還有香港未來的社會、經濟與政治狀況。沒有人會期待任何裁判法院除了承認原居民傳統權利並提供保障之外，再去做其他更多事情。判斷權是由委員會而不是由法庭來行使的。

規劃草案設定了未來標準

分區規劃大綱圖一旦獲得行政長官會同行政會議批准，就對未來行為設定了標準。這些規劃可能沿用數十年。它們不是為了滿足現有的需求而提出的。那種認為在規劃適當地決定之前必須存在「可證明的真實需求」的觀念非常荒唐。

根據《基本法》第 40 條，新界原居民的「丁權」必須得到城市規劃委員會的尊重。

村民和支持其理由的代表大聲疾呼要擴展 "V" 區域以安頓其建屋需求；這明顯從委員會的會議紀錄中可以見到，特別是考慮到與鎖羅盆有關的那些人。委員會無從判斷這類需求的具體強度。另外，土地所有人是個體，而不是同質化的羣體；「丁權」主張的強弱也因人而異。在這些情況下，委員會所能做的就只是廣義地為可能的村莊擴展提供土地空間，以平衡社會發展需求與自然環境保育。

增量方法

委員會在首次聽證會上權衡不同的論點之後，在某程度上已經對本案申請人的觀點作出讓步，相應削減了 "V" 區域的面積。委員會拒絕衍生一種靜止狀態，將村莊嚴格限制於現有空間範圍內。委員會採納了一種「增量方法」，在海下和白臘提供最小化的擴展土地，而在鎖羅盆卻不提供擴展土地。這是一個程度裁量問題，委員會必須決定社會需求如何與自然保育作

出平衡。這不是一個由法庭裁決的議題。

「地圖和規劃」

前文已總結，法官的結論實際上與其發現的事實互相矛盾。

在判決書第 105 段和 106 段，法官這樣寫道：

> 關於委員會基於不準確和不充分的地圖與規劃對代表信函之意見的處理，我們必須指出，基於不準確的地圖與信息的代表信函之相似意見在第一輪聽證會上已經提出，並導致委員會於 2014 年 6 月 4 日決定修訂相應的規劃。委員會在審議時完全注意到這些陳述。

> 然而，委員會基於 2014 年 6 月 4 日會議紀錄陳述的種種理由，並未支持這些代表意見。

這位法官接着列出了相應的會議紀錄內容如下：

不充分與誤導性的信息

(h) 海下灣海岸公園的邊界是參考高水位線而劃定的，而海下灣海岸公園的刊憲公佈邊界是 1996 年依據《海岸公園條例》獲得批准的。海下分區規劃大綱圖草案的北部邊界與海下灣海岸公園的邊界重疊。

(j) 在海下分區規劃大綱圖草案的劃界過程……及其土地利用建議中，包括自然保育與自然風景、生態重要性、風景特徵、交通、基礎設施與公用事業等諸

多因素均在考慮之列。來自持份者和相關政府部門的觀點和意見也得到搜集。海下分區規劃大綱圖草案並非基於勘查地圖而準備，而勘查地圖只是整個規劃的一個地圖基礎而已。

從這裏能絕對清楚地看到，委員會完全意識到關於勘查地圖問題的代表意見重點；它並非簡單地依賴勘查地圖，而是同樣參考了其他材料，以劃定海下分區規劃大綱圖草案的區域。

法庭的辯論點

祁志大律師在法官面前提出的一個爭議點是，委員會未能考慮到兩個具體的要點：

(1) 勘查地圖沒有顯示溪流：因此，這意味着委員會從未考慮過由更多房屋發展造成的人工污水會否導致流向海岸公園的逕流；

(2) 這種逕流將會導致海岸保護區（CPA）作為緩衝區的效果全失。

這些要點事實上在判決書的前面篇幅已有提及。法官在判決書第 88 段和 89 段載明：

88. 委員會顯然意識到了這個問題（由代表意見提交的文件提出），即如果受關注的區域按照規劃用於建議准許數目的房屋發展和人口安置，則會對該地區自身、周邊自然棲息環境以及海下灣海岸公園造成嚴

重的污染、氾濫和不利影響，這是 STS（化糞池浸泡）系統裝置及垃圾處理的污水效應的結果。然而，令人滿意的是，出於規劃目的，在小型屋宇發展提供化糞池裝置控制機制的小型屋宇行政許可制度，將可適當處理代表意見提出的不利環境影響。

89. 因此，委員會對它眼前的問題已經十分熟悉，並通過接受房屋署的立場解決了那些問題。在我看來，諮詢的充分性和決策本身都是合理地開放給委員會的議題。

委員會不是污染管制機構。此外，擁有「丁權」的村民也並未被賦予任意興建小型屋宇的全權（carte-blanche）。當收到一份村民申請後，幾家政府機構都會牽涉其中，而申請人必須滿足諸如《水污染管制條例》（Water Pollution Control Ordinance）規定的條件。法官為何要花費大量時間和精力去處理大律師的論點這一點，導致法官對大律師屈從，非常令人厭煩，並觸及到司法獨立的根本問題。

判決書處理前面總結的反對理由的部分，是冗長拖沓而且難以遵循；法官如何得出結論認為大律師的論點獲勝，完全是一個謎。

行政長官會同行政會議的角色

根據《城市規劃條例》，委員會在產生規劃過程中的角色完全屬於行政性質。

當一份規劃草案最終提交尋求批准時，行政長官會同行政會議行使的是一種獨立判斷權。正如哈特曼法官在<u>海港保護協會訴行政長官會同行政會議</u>一案中所言：

> 必須記住，當一份規劃草案由委員會依據《城市規劃條例》第 8 條提交時，那份草案必須附上一份清單，詳細列明草案準備過程中委員會收到的反對意見，以及委員會曾作出的任何修訂。提交這些清單的義務只有一個目的。該目的是協助行政長官會行政會議對規劃草案進行實質性考量。

在這裏，大律師彈劾規劃過程所依賴的問題就在行政長官會同行政會議面前，且行政長官會同行政會議能夠準確地判斷委員會有否在自然保育和社會需求之間達成適當的平衡。這裏並不存在彈劾行政長官批准規劃草案行為的法律基礎。此外，《城市規劃條例》第 9(2) 條本身就是一個完全的禁令條款，禁止對行政長官會同行政會議提起訴訟。

結論

本案的結果，就是有關規劃被發回委員會重新考慮。

如今，委員會在判決面前應怎樣回應完全是一個謎。法官從未準確解釋為了滿足「法律」的諸項要求，委員會到底應當在事發前做甚麼或者在未來可以或應當進一步作出甚麼「諮詢」。

司法覆核的目的在於良好管治。法庭頒下的任何判決不僅影響到申請人，也影響到香港每一個人。

誠如上訴法官司徒敬（Stock JA）在<u>資裕發展有限公司訴城市規劃委員會</u>（*Capital Rich Development v Town Planning Board*）一案中所言：「在公眾管治中，透明要比不透明更能促進公眾信任。」這份判決書無疑是不透明的。難道法庭不是公共管治的一部分嗎？

法官長篇累牘地處理大律師提出如幻影一般的論點，完全無視委員會及行政長官會同行政會議在《城市規劃條例》中的角色，從而也遺忘了自身的憲制角色。

時間因素

由法庭展示出來對於及時和有效公共管治的權力蔑視令人震驚。

整個過程於 2010 年 9 月開始，當時發展審批地區規劃草案首次發佈，接着是 2013 年 9 月 27 日發佈的分區規劃大綱圖草案。至 2017 年 11 月 24 日，法官花了超過一年時間才作出判決，將整個過程拉回原點。

難道這是有效率的公共管治嗎？

小結

　　本部分分析的三個案例，充分展示了我在第一部分「香港司法夢遊向 2047？」討論的主題。

　　在該部分中，我期待的普通法是更加自律、更加聚焦、更可為普通人接近的。着重點在於提供有效的救濟方案，以便社會的真實需求得到更圓滿的解決。

　　香港近來發生的街頭大規模示威活動，其中有大量普通民眾參與，他們展示了法治是香港社會的核心價值，這與內地的制度有分別，其中的正當程序仍不夠透明。因此，修訂逃犯條例的提議也被撤回了。

　　大街上的暴力需受到譴責。對立法會議事廳實施的破壞行為無法原諒。

　　有必要指出的是，暴亂者簡單地在立法會主席台插上港英殖民旗幟。那象徵着甚麼呢？

　　或許暴亂者自己也不確定。他們的口號是「自由」、「民主」、「香港核心價值」、「香港不是中國」等。或許他們心底所感受到的是，港英殖民旗幟象徵着普通法，而沒有普通法他們甚麼願望都無法實現。若是這樣，他們百分百是對的。可悲的是，他們運用了錯誤手段去達成目的，暴力使他們所擁護的事業蒙羞。

　　在本部分的文章中，我在司法機構的前同事們的產物無可避免地受到了批評。關於這一點，我非常樂意引用歐洲人權法院（人權律師的寵兒）的觀點：

　　　　言論自由的權利同樣適用於那些冒犯、震動或擾亂國家或國民人口中任何部分的那些人。這是多元主義、包容及開明心智的要求，捨此則不會有民主社會。

　　我肯定我的前同事們將會以同樣的包容，甚至（希望可有）接納態度，來看待這些文章。

《港區國安法》：一個概述 | 第三部分

背景

在香港存在諸多由殖民統治政府遺留下來的法律，以一種隨意的方式處理某些涉及國家安全的複雜事務。這些法律可見於《刑事罪行條例》（Crimes Ordinance）第一部、《社團條例》（Societies Ordinance）和《官方機密條例》（Official Secrets Ordinance）。

這些法律在香港不再作為英國直轄殖民地（Crown colony）之後完全不足以用來處理有關國家安全的事務。這一點得到了《基本法》起草委員的承認：因而訂立了第 23 條。該條款要求在 1997 年 7 月 1 日成立的香港特別行政區政府自行立法禁止叛國、分裂國家、煽動叛亂、顛覆政府以及與外國實體進行勾結的行為。

殖民地政府在移交香港之前的短暫時間裏，曾嘗試修訂這些法律。但這一嘗試未能取得立法局的支持而失敗告終。

落實 23 條立法的嘗試

2002 年 9 月，國安立法再次被提起，當時香港特區政府發佈了一份旨在落實《基本法》第 23 條立法的諮詢文件。特區政府意志滿滿。文件第 1.4 段陳述道：

> 世界上所有國家……都在其成文法典中載有明確的條款用於預防和懲治危害國家主權、領土完整與安

全的犯罪。因此，當一國之國民在享受國家所提供之保護的同時，每個公民也都有相應的義務去保護國家，不從事威脅國家生存的犯罪行為，並支持旨在禁止這些行為的有關立法。

有關立法提議考量了所有關於個人自由的憲法保障範圍：言論自由、表達自由、出版自由、免於任意逮捕及侵入住宅的自由等。

在涉及叛國罪時，時任律政司法律政策專員（Solicitor-General）解釋道：

> 擬議叛國罪的新罪狀將會比現行罪狀範圍更窄。因而它不會對言論自由施加任何新的限制。在擬議條款中，有關言論達到叛國罪標準的唯一情形就是教唆一名外國人入侵中華人民共和國或者協助與中華人民共和國處於交戰狀態的公共敵人。例如，如果中華人民共和國與某個外國處於交戰狀態，一個香港居民為敵人進行戰爭宣傳……

這份諮詢文件發佈後，社會本應發生的情形是進行成熟的討論。但遺憾的是，社會中聲稱代表香港人民的某些人士採取了一種意識形態化的立場，主張立法提議是對香港自治的一種攻擊。

在《國家安全條例（立法條文）草案》於 2003 年 2 月提出之後，抵制的力量驟然匯聚。同年 7 月，大律師公會（Bar

Association）發佈聲明文件，聲稱其「強烈譴責」推動法案進入二讀的任何嘗試，並表示法案代表了對香港居民權利與自由的一種威脅。

這一立場為若干大眾化的報章所採納。正在思考的人們沒有被給予任何成熟反思的空間。該法案旨在維護香港社會長遠利益的基本事實，已被喧囂抗議的聲浪所淹沒。民粹主義取得了控制權。未來混亂之種子已然埋下。

一場大眾抗爭運動被組織起來。老幼人羣一起走上街頭。結果就是法案被最終撤回，只留下那些搖搖欲墜的殖民地法律來對抗針對國家安全的種種攻擊。

那時的事件擴散到全球之後，全球顯得相對平靜。經過兩次接連的行政長官任期交接，香港落實第 23 條立法的憲制需求被擱置下來。

2019 年：不同的世界場景

快速轉到 2019 年。世界場景已大有不同。國家之間的緊張關係快速升級，並伴隨着貿易戰的威脅，而網絡戰也迅速進入了公共衝突領域。南中國海的海軍衝突成為一種現實可能性。

從國內來看，現狀似乎更加充滿危險。

在 2019 年 2 月出現反對逃犯條例（Fugitive Offenders

Bill）修訂的大眾抗爭事件之後，暴力開始在街頭蔓延，形勢不斷緊張升級。同年 7 月，立法會大樓被闖入和肆意破壞。中聯辦懸掛的國徽被塗污。接着是針對公共設施的大規模縱火和破壞。內地背景的商店及辦公室成為攻擊對象。那時，香港各區域形同戰場。抗爭運動已然演變為一場暴動，旨在摧毀警隊並推翻政府。有強力證據證明這些暴動人士得到了外部勢力援助。衝突前線的暴徒裝備良好，有着具保護性的設備和武器級的防毒面具。

正如前行政長官董建華先生其後在 2020 年 5 月 25 日所言：由於香港在超過 20 年裏未能完成國家安全立法，它就成了意圖破壞公共秩序的那些外國敵對勢力輕易攻擊的目標，並可能利用香港來作為一場更廣泛權力衝突的代理平台。

在上述情形下，升級和完善《港區國安法》制度的需求就顯得非常迫切了。

立法機構的癱瘓

在 2019 年的大部分時間裏，立法會也無法運作。除了財政事務外，它根本不能夠像一個立法機構那樣正常運作。例如 5 月 11 日星期六，電視上捕捉到立法會議事廳裏的一次事故說明了一切。議員們就像一羣遊樂場裏的兒童一樣喧囂吵鬧；一張快照傳播全球，其中一名議員尖叫着衝撞起來，從立法會議事廳裏被強制驅逐出去。

2019 年的騷亂到 10 月達到了危機爆發點。數以千計的示威者因街頭暴力行為被捕，但很少有人被審判和定罪。肇事者的身份查證是一個大問題。法律要求被拘捕人士必須在 48 小時內提堂，否則就必須釋放。缺乏身份查找就不可能對他們提起檢控。如果他們不接受警務保釋條件，就必須被無條件釋放，繼續從事他們的暴力抗爭。

香港的刑事司法系統如同立法機構一樣變得無法運轉。

為了協助警方的身份查證及剝奪肇事者的匿名偽裝之便，行政長官行使其《緊急情況規例條例》（Emergency Regulation Ordinance）下的權力，通過了《禁止蒙面規例》（Prohibition on Face Covering Regulations），但有關立法被高等法院推翻。

就在法院否決行政長官緊急權力的同時，香港中文大學被示威者佔領，暴徒還封鎖了香港理工大學附近通往海底隧道的通道。港鐵車站被嚴重縱火毀壞；交通系統被迫中斷；被認為「親北京」的機構遭到恣意破壞。然而，法院似乎與現實的危險非常隔膜，對香港的管治不負任何責任。

2019 年 10 月 16 日，當行政長官出席立法會會議並宣讀其 2019 年度《施政報告》時，被暴力打斷發言，並不得不被護送離開會場。她最終通過視像形式宣讀了《施政報告》。

在香港，似乎不能通過甚麼法律以處理正在發生的暴亂。

2019 年餘下時間裏的示威暴力在香港街頭愈演愈烈，只

有警方勉力應對。對示威者的拘捕繼續進行，有時需冒着警員的生命危險，但很少有人被提堂檢控。

2019 年在一片慘淡中結束。

2020 年：一場新的危機

2020 年 3 月，另一事件在香港社會爆發：新冠疫情。碰上了純粹的好運，香港法例第 599 章《預防及控制疾病條例》（Prevention and Control of Diseases Ordinance）賦予行政長官的緊急權力，使她可以通過控制疾病傳播的管控措施。但是反政府運動卻沒有平息。這些運動獲得完善的資助和組織。自 2019 年 10 月起宣佈的嚴重公共危險狀態，仍然照舊。如果沒有警隊的忠誠與付出，法律和秩序必會崩潰。

從 2019 年 6 月起，嚴重的公共秩序罪案就不是孤立的事件。他們精心策劃，接受了所謂的「黑羣」（black-bloc）戰術，涉及小型手機羣組以及由後方完全支持的前線攻擊小組；不過只有一小部分人被定罪；他們大部分人涉嫌非法集結及其他類似違法行為。沒有人被控諸如蓄意謀殺、嚴重人身傷害、縱火以及對交通設施的刑事毀壞之類的嚴重罪行。

致命武器、彈藥及爆炸品被發現和扣押。從任何觀點來看，都存在與刑事犯罪行為相關的恐怖活動。這些行為背後有著集團犯罪的意圖，威脅到國家安全。香港特區政府沒有能力處理這類暴亂。

《港區國安法》：立法宣告

在這些挑戰情形下，對香港福祉有着最終責任的中央政府介入了。

2020 年 5 月 27 日，全國人民代表大會宣佈將頒佈一部法律來保護香港和國家。

全國人大常委會副委員長發佈的立法解釋說明文件表明：「必須在國家層面採取措施以建立健全香港特別行政區的法律制度和執行機制。」

人大擬定草案強調了這一立法提議背後的基本政策：「一國兩制」；「港人治港」；高度自治。

一旦立法通過，相關法律將由香港法院按照普通法進行管轄執行：一種基於無罪推定和排除合理懷疑有罪證明的法律系統。香港法院還將信奉與犯罪行為不直接相關的偏見證據必須被排除這樣的規則。

基於相關的背景事實，沒有任何有理性的人會將人大的 5 月的決定視為違反 1984 年的《中英聯合聲明》及香港「一國兩制」政策的終結。

然而，那正是前任港督彭定康（Chris Patten）在人大決定墨蹟還未乾時的主張。該主張得到了其他西方領導人的聲明響應。全球各大媒體撿起了這一論調。《澳洲人》（*The Australian*，一份澳洲國家報紙，2020 年 7 月 3 日）的一個頭

版專欄起了這樣的標題：「中國憑着『一國一制』的拳擊獲勝了」（"China socres crushing One Country One System blow"）。

連篇累牘地，諸如 BBC 和 ABC 這樣的頂級新聞媒體同一個鼻孔出氣，將街頭黑暴分子視為「民主示威者」，似乎擬議中的新法律就是為了鎮壓和平示威，卻絲毫沒有提及那些有組織幫派發起的謀殺性活動和大規模破壞行為，以及他們衝擊警方和推翻政府的顛覆性行動。這些媒體沒有對被恐嚇者與香港沉默的大多數表達任何同情，這些人的生命和生計也遭受嚴重毀壞。

《港區國安法》實施

《港區國安法》終於頒佈，並在 2020 年 7 月 1 日正式實施。

開門見山必須強調一個基本點。這是一部處理針對整個國家而不只是其小型特別行政區香港之現實威脅的法律。正如前任行政長官董建華先生所言，香港正被利用來作為一場更廣泛權力衝突的代理平台。為了處理這一威脅，有必要運用重典。簡要審視一下西方國家相類似的法律，就會發現同樣強力的制度措施。美國的《愛國者法案》（Patriot Act）就是一個很好的例子。

值得特別指出的是：在 2019 年中暴亂攻擊香港街道與機構之前，香港被世界認為是高度自由和個人安全之地區。在由美國卡托研究所（Cato Institute）和加拿大費菲沙研究所（Fraser

Institute）共同發佈、覆蓋全球 162 個國家與地區的「個人自由指數」（Human Freedom Index）排名中，香港在 2018 年位列全球第三，僅次於新西蘭和瑞士，排在澳洲和加拿大之前。英國和美國排在第 17 位左右。

怎麼可能在不到兩年之後，香港就成了因侵犯人權而被美國政府制裁的對象，也因類似的侵犯指控以及違反《中英聯合聲明》而遭受英國政府的尖刻攻擊？唯一合理的解釋只能是，香港在一場更大範圍的全球性衝突中被利用作為了一顆棋子。損害香港特區等於損害中國。

《港區國安法》：一般原則

《港區國安法》第 1 條規定了該法的一般原則，而該法的剩餘條款需由法院根據這些原則的背景解釋。

該法首先表述的立法目的在於確保「**堅定不移並全面準確貫徹『一國兩制』、『港人治港』、高度自治的方針**」。

最後的兩個立法目的在於「**保持香港特別行政區的繁榮和穩定，保障香港特別行政區居民的合法權益**」。

在檢控該法所涉犯罪行為時，規定於《基本法》上的所有保障機制均為有效。該法第 5(2) 條規定：

> 任何人未經司法機關判罪之前均假定無罪。保障犯罪嫌疑人、被告人和其他訴訟參與人依法享有的辯護權

和其他訴訟權利。任何人已經司法程序被最終確定有罪或者宣告無罪的，不得就同一行為在予審判或者懲罰。

《港區國安法》覆蓋的罪行

《港區國安法》第三章規定了四種罪行：分裂國家罪、顛覆國家政權罪、恐怖活動罪以及勾結外國或境外勢力危害國家安全罪。

投訴這些罪行規定太過寬泛與模糊是誤導性的。這些罪行的每種罪狀的範圍足夠清晰。

我們可以 2021 年 1 月初以涉嫌顛覆國家罪拘捕 55 人的事件為例。他們全部或部分人難道沒有串謀阻礙立法會履行其職責與功能嗎？如果有關事實確鑿（排除合理懷疑），他們就可被控《港區國安法》第 22(3) 條下的具體罪行。

或者我們再以《港區國安法》第 29 條有關勾結外國或境外勢力危害國家安全罪為例。該條款涵蓋一系列具體行為，包括引發外國或實體制裁香港特別行政區，或者取消香港特別行政區的特別貿易地位。在這些行為語境中甚麼構成「勾結」是一個基於事實的問題，該問題需要法庭依據普通法原則並聚焦於事實本身加以解決。該條款的措辭本身並無疑議。

總之，對過度檢控的防範措施是存在的。《港區國安法》第 41(2) 條規定，若無律政司司長的書面同意，不得提起《港區國安法》上的任何檢控。

維護國家安全的機構

正如 2020 年 5 月人大決定中的構想，一個國家性機構被創設出來以完善《港區國安法》的執行機制：駐港國安公署，依據該法第五章設立，是隸屬於中央人民政府的法定機構。該機構有着廣泛的法定職責，例如第 49(3) 條規定「收集分析國家安全情報信息」。

但它也存在沒有充分界定清楚的職能，即第 49(2) 條：「監督、指導、協調、支持香港特別行政區履行維護國家安全的職責」。

還有個問題有待澄清：該機構被賦予在香港的執法權力嗎？因為第 49(4) 條規定該機構的職責包括：

> 依法辦理危害國家安全犯罪案件。

預審前「辦理案件」意味着諸多事務。但事實仍然是：調查程序中的各個步驟（除了第 55 條規定的三種管轄例外情形）完全由香港警方和律政司掌控。因此駐港國安公署「辦理」案件必然需要通過那些本地執法機構來實施；不存在能夠完成相關執法職能的個別獨立機構。

《港區國安法》下的警權

《港區國安法》第 43 條列出了警察權力清單。這些條款在法律圈內造成了一種歇斯底里的情緒。一份署名夏博義（Paul

Harris SC，時為大律師公會主席）、日期為 2020 年 8 月 29 日的文件，在大律師公會成員間傳閱，其中提到《港區國安法》第 43 條「在創建一個警察國家方面走得太遠了」。這完全是誇大其詞。

在賦予警方的調查權限中有一項是這樣規定的：

（三）對用於或者意圖用於犯罪的財產、因犯罪所得的收益等與犯罪相關的財產，予以凍結，申請限制令、押記令、沒收令以及充公。

夏博義的文件聲稱這一小節「授權警方可以無需法庭命令即可沒收財產。這是違反了《基本法》第 6 條有關私人財產權保護的條款。」

作為大律師公會主席，他的言論太不謹慎了，令人無比遺憾。這種言論是在誤導其律師同行，導致他們對整個制度安排採取消極態度。

如果第 43 條構造合理的話，一家銀行在警方要求「凍結」時可以出於審慎考慮臨時暫停某個賬戶的運作，以便警方有時間向法庭申請命令。不過，最終意義上，凍結財產仍然需要一份法庭命令。該小節本身特別規定警方需要「**申請**限制令、押記令和沒收令」。

那麼向誰「申請」呢？顯然就是法庭。

《港區國安法》第 55 條

第 55 條規定：

> 有以下情形之一的，經香港特別行政區政府或者駐香港特別行政區維護國家安全公署提出，並報中央人民政府批准，由駐香港特別行政區維護國家安全公署對本法規定的危害國家安全犯罪案件行使管轄權：
>
> （一）案件涉及外國或者境外勢力介入的複雜情況，香港特別行政區管轄確有困難的；
>
> （二）出現香港特別行政區政府無法有效執行本法的嚴重情況的；
>
> （三）出現國家安全面臨重大現實威脅的情況的。

夏博義在其文件中聲稱：「**這可能是《港區國安法》中最值得反對的條款。**」

何以值得反對呢？顯然，假如該條第（二）、（三）項預示的事件一旦發生的話，沒有人會投訴該條款的實際適用。因此任何關於第 55 條的合理論辯都應當集中於第（一）項。

必須記住，該法不是簡單處理香港內部事務；一個感覺上屬於地方性的事件可能有着廣泛的全國性影響。如果香港被利用作為一場更大範圍之權力衝突的代理平台，其影響就會遠遠超出本地法庭掌控的範圍。為這個可能性預設處理機制實屬明智。

當然，這些條款一旦被觸發，我們必須假定它們會得到良好的實施。

舉例來說，北京針對一個於香港生活的永久性居民採取本條規定的法律程序。這名被告會被怎樣送去北京受審呢？簡單來講，需要根據內地法庭的命令。根據《港區國安法》第57條，由內地司法當局簽發的法律文件在香港「具有法律效力」。該命令會被傳遞給香港警方。香港警方會怎樣回應呢？將嫌疑犯立即拘留並直接空運到北京嗎？

香港警方受到《警察條例》（Police Force Ordinance）的規管。故更可能發生的情形是，該嫌疑犯被第一時間押解到裁判法院，以尋求轉送北京的法庭命令。

夏博義在其文件中聲稱：「**嫌犯移交……只可能以武力拘押的方式進行，並由內地安全機關執行，因為現行法律中沒有將香港永久性居民移交內地的合法權力。**」

這就假定了內地當局將會以非法方式達成其目標。這一假定導致合理的對話無法展開。

違反《中英聯合聲明》？

在另一份類似的文件中，夏博義辯稱《港區國安法》：

(1) 是「對『一國兩制』原則的根本違反，將關於自治的憲制保障轉變為可以任意撤銷的純粹許可」（第23段）；

(2)「從根本上摧毀了香港法律系統的完整性」（第
　　34 段）；

(3)「廣泛地廢棄了在《中英聯合聲明》中規定的義務」
　　（第 41 段）。

這些都是大空話。從大律師公會主席的口中說出，其影響力是巨大的。

《中英聯合聲明》本質是甚麼？

廣義來說，對此問題有兩種觀點。

其一，《中英聯合聲明》為香港的長期和平與繁榮奠定了基礎；它將北京依據「一國兩制」原則建立香港特別行政區的有關基本政策予以濃縮。依據中國憲法第 31 條，《基本法》將「一國兩制」原則具體化，從 1997 年 7 月 1 日起實施，而中央政府對香港特區的發展負有至上的責任。這將允許香港以其獨有的特徵成長與演化，並作為中國的一個特別行政區安享舒適地位。以這一立場來看，《中英聯合聲明》是一個關於香港在結束殖民統治時代後長期發展的一個公式。

其二，《中英聯合聲明》實際上只是一個劇場片段的腳本；是自由資本主義的一個樣板，在 50 年時間內演出，在 2047 年 6 月 30 日子夜時分落幕。演出結束。燈光熄滅。台上的演員可以風光一時，贏得喝彩，賺得大錢。就是告別的時間。

哪一種觀點正確呢？

許多評論家將「一國兩制」原則描繪為中英兩國政府艱難討價還價的結果。這遠非真相本身。

早在這兩個主權國家開始協商談判之前，「一國兩制」的政策就已落實。例如，國家主席鄧小平在 1982 年 1 月 11 日的一次講話中，就已提到「一國兩制」原則適用於台灣，「也同樣適用於香港問題」。

正如《基本法》序言所稱，香港自古以來就是中國領土的一部分。中國恢復對香港行使主權本身無需協商談判。這在《中英聯合聲明》第 1 條中有規定：

> 中華人民共和國政府聲明⋯⋯決定於 1997 年 7 月 1 日對香港恢復行使主權。

對香港未來的安排考慮到香港的「歷史和現實」。其中一項現實情況是，新界租約將要到期。缺少新界，香港的割讓部分（即九龍半島和香港島）就會難以維持。英國政府接受了這些現實並同意中國適用於香港的基本原則具有效力。

這一點在《中英聯合聲明》第 2 條中得到承認：

> 聯合王國政府聲明：聯合王國政府於 1997 年 7 月 1 日將香港交還給中華人民共和國。

《中英聯合聲明》隨後描繪出了香港高度自治適用的特定

領域：海關、公共財政、貨幣事務、貿易工商業、船運安排、民用航空、社會服務等。

一個演化中的社會

然而，這不是一種凍結在時間裏的僵化安排。它提供了一個生機勃勃的社會演化空間。隨着環境變遷，法律必須改變和調適，以確保香港依據「一國兩制」原則長期舒適地存續。

《港區國安法》正是香港依此原則演化過程的一個步驟。

2020 年 7 月 6 日，在香港特區行政長官將《港區國安法》刊憲頒佈後，全國人大常委會發佈了關於《港區國安法》立法及其完整適用的說明。其中提及：

> 為了支持落實「一國兩制」，該法充分考慮了兩制差異和香港的實際情況。該法結合了維護國家安全的全國性法律，並與香港現行法律系統相兼容。

該說明繼續寫道：

> 該法明確規定在維護香港特別行政區國家安全時，人權必須得到尊重和保護。權利和自由，包括言論自由、新聞自由、出版自由、結社自由、集會自由、遊行示威自由，這些由香港居民享有的自由必須依法予以保護。港區國安法同樣反映了國際通行的法治原則，包括罪刑法定、無罪推定、保護不受雙重處罰的權利、

保護當事人訴訟權利和接受公正審判的權利。

很明顯，《港區國安法》尋求與香港法律和實踐的結合及兼容。但是，歸根究底，當存在法律規定不一致時，《港區國安法》優先（第 62 條）。

社會領袖們的責任

在此情形下，社會領袖們的責任就必須在於竭盡全力確保新法有效實施，實現其法定目標，其中首要的就是「**全面準確貫徹『一國兩制』、『港人治港』、高度自治的方針**」。

至於律師和司法官員，也肩負同樣的責任，或許責任比其他人更大。

他們的任務在於確保在新法實施過程中普通法原則得到有效及合比例的適用。法庭如何處理新法實踐中提出的問題，將是對法庭特質的真實考驗。

在此環境下，夏博義關於《港區國安法》第 2 條的主張就是自尋煩惱。

《港區國安法》第 2 條

這一條規定如下：

關於香港特別行政區法律地位的香港特別行政區

《基本法》第一條和第十二條規定是香港特別行政區基本法的根本性條款。香港特別行政區任何機構、組織和個人行使權利和自由，不得違背香港特別行政區《基本法》第一條和第十二條的規定。

第 2 條提及的《基本法》兩個條款規定，實際上香港特別行政區作為一個地方區域是中華人民共和國的一部分，享有高度自治，並直轄於中央人民政府。

對普通人而言，這一條是明顯的和沒有爭議的。然而，對大律師公會主席不然。夏博義將第 2 條歸入「極有問題」（extremely problematic）之列。他聲稱：「鑒於香港存在強勁的本土主義運動，其中一些堅定分子支持港獨⋯⋯該法第 2 條的用意似乎在於剝奪任何被指控分裂罪行的人⋯⋯進行任何意義上的辯護，例如他們在提倡港獨時是在行使受憲法保護的權利。」

「提倡港獨」。這是甚麼意思呢？是在沙漠的空氣中提倡嗎？孤立地站着提倡，還是淋浴時提倡？抑或意味着煽動港獨的結果並誘使他人走上相同的道路？這不正是在煽動破壞國家統一，尋求讓香港脫離中華人民共和國，從而直接違反了《港區國安法》第 20(1) 條嗎？

假如存在一種關於這類指控的抗辯，那也應當是立足於事實層面，而不是律師們的狡辯。《港區國安法》第 2 條不會在甚麼意義上影響到司法結果。關於存在「提倡」港獨的一種「合憲權利」（protected rights）的觀念完全荒唐。

不過有一件事是確定的：煽動他人採取行動破壞國家的完整性，是一種嚴重罪行。那位大律師公會主席又該如何置論呢？

法庭的執行

高等法院受理涉及《港區國安法》的第一宗案件，是<u>唐英傑訴香港特別行政區</u>（*Tong Ying Kit v HKSAR [HCAL 1601/ 2020, 21/8/2020]*）一案，原審被告唐英傑在西九龍裁判法院面臨兩項指控：（1）煽動分裂國家，觸犯《港區國安法》第 20 條；（2）從事恐怖活動，觸犯《港區國安法》第 24 條。

他一直被裁判法院羈押，直到三個月後的第二次聆訊。

他申請獲取人身保護令（*habeas corpus*），要求政府提供理由說明他為何不能在那刻獲得保釋。政府方面出示了裁判官的命令。這份命令的合法性無庸置疑。這裏對人身保護令的適用是無效的。法官駁回了被告的申請。法官們聲稱：「對被告的羈押有着合法的權威，不存在問題。」

這本應是該事件的終結。對法律進行簡短、犀利和有效的適用。然而法官們繼續寫道：

> 出於對大律師呈報材料的尊重，我們需要處理由戴啟思先生（**Mr. Dykes**）為支持申請人申請人身保護令而提出的有關依據。

接着是長達 25 頁的判決篇幅，用來處理聲稱《港區國安法》第 20、21、24、42 與 44 條「違憲」的論點，其中援引了來自加拿大、英格蘭、毛里裘斯和香港特區的案例；同時還援引了一份關於毒品和犯罪的聯合國報告以及一份「關於《歐洲人權公約》第 6 條的指引」。

這些呈送材料完全沒有意義，本不應當被加以任何考慮。

維護國家安全在中央政府的權限裏是非常清楚的問題。《港區國安法》是一部國家制定法，通過列入《基本法》附件三在香港實施。全國人大及其常委會將該法引入香港實施的立法行為，已經通過將《基本法》包括在內而完成。怎麼可能還在主張香港法院有權決定《港區國安法》的任何條款是否「違憲」？香港高等法院的管轄權超越邊界而延伸到了國家層面嗎？

所謂「對大律師呈送材料的尊重」是自找麻煩。當法庭必須處理《港區國安法》實施的實質問題時，這是一種即將發生的事的信號嗎？

為甚麼要有「對大律師呈送材料的尊重」呢？為甚麼不能有對司法獨立裁判的強力實踐呢？

《港區國安法》第 42(2) 條

這一條款規定如下：

對犯罪嫌疑人、被告人，除非法官有充足理由相信其不會繼續實施危害國家安全行為的，不得准予保釋。

該條款強調了危害國家安全行為的嚴重性，並為裁判官和法官在處理《港區國安法》下的保釋申請提供了一種指引。

當一份保釋申請提交到法庭時，《刑事訴訟程序條例》（Criminal Procedure Ordinance）第 9G(2) 條規定了一系列需予考量的因素：被告的背景、結社情況、職業、財務狀況、健康、精神狀況、先前准許保釋的歷史、不利被告的證據分量，以及其他與其獲得保釋的相關風險。不過，犯罪行為的性質和嚴重性總是放在第一位。因此，一個被控謀殺的人極少在候審期間獲得保釋。

根據《港區國安法》第 42(2) 條之規定，當一名嫌疑犯被控危害國家安全罪行時，裁判官或法官的當務之急是判斷有否存在相信他或她不會從事危害國家安全的行為從而可予保釋的理由。而《刑事訴訟程序條例》第 9G(2) 條所列的因素立即可予適用。舉例來說，如果該嫌疑犯有着眾所周知的「反華」境外勢力並有着相當的潛逃資源時，就很難讓裁判庭相信一旦准許他保釋，其不存在從事危害國家安全行為的理由：尤其是其海外連絡人身處和香港不存在逃犯雙邊引渡協議的管轄區。

香港特別行政區訴黎智英 [HCCP 738/2020]

在該案中，李運騰法官（Alex Lee J）在 2020 年 12 月 23

日准許黎智英保釋的決定是自尋煩惱的。

黎智英被控《港區國安法》第 29(4) 條下的勾結外國或境外勢力危害國家安全罪。裁判官拒絕了被告的保釋申請，將其還押候審。被告上訴至香港高院，法官准許其附加一系列條件和保證而保釋，其中一項條件是他必須留在居所等候審判。

高院法官援引了《刑事訴訟程序條例》第 9D(1) 條，創設了一種有利於保釋的法律推定。在該條例下，在通常的保釋案件中，裁判庭會考慮第 9G(2) 條規定的各項因素；然後在權衡過程的結尾，選擇有利於保釋的法定推定；在考慮《港區國安法》下的保釋案件時，法官認為第 9G(2) 條規定的考量因素在本質上也是相關的。

該法官因此得出結論認為：

> 雖然在第 9G(1) 條……和《港區國安法》第 42 條之間存在不同側重點，但是後者並未對現行法律和實踐上的保釋申請處理創設出任何極端的或重要的變化。

平心而論，這並不是對《港區國安法》第 42(2) 條的正確解釋。

兩者的起點不同。在《港區國安法》第 42(2) 條下，法官推理的前提是，一項觸犯《港區國安法》的罪行是非常嚴重的事件。一個成功棄保潛逃（jump bail）的嫌疑犯難以期待被再次拘捕並送交審判。因此，他在海外繼續從事危害國家安全行

為的可能性真實存在。基於第 42(2) 條禁止准予保釋就是理所當然了。《刑事訴訟程序條例》第 9G(2) 條或其他條款列出的因素可以進行考量，但不存在有利於保釋的推定。法律邏輯恰好相反。

一個銀行搶劫犯成功棄保潛逃後不可能「繼續從事」諸如銀行搶劫之類的行為：至少，不可能在香港重複這種行為。但危害國家安全的罪犯不同。危害國家安全的行為在海外和香港一樣易於實施。這是顯而易見的常識。

一如以往，解釋法律時的過度詭辯導致法官犯錯。

香港特別行政區訴黎智英
[2021 HKCFA3, 9/2/2021]

李運騰法官的保釋決定被終審法院推翻，使被告可以自由地繼續向高院申請覆核裁判官拒絕保釋的決定。同時，終審法院重申顯而易見的立場：不存在對《港區國安法》任何意義上的憲制性質疑。

展望未來

國家安全罪行嫌疑犯在執筆時尚未成判。法庭如何處理那些國家安全案件對香港未來而言事關重大，甚至具有決定性。《港區國安法》的司法路徑會是強健有力和堅定不移的嗎？抑

或法庭還會受到大律師意見誤導或程序性質疑的左右？法庭會是老生常談那些法律的表面含義，還是會運用廣泛的常識解釋法律？

這些問題的答案依然懸而未決。

結語

　　一個鮮明的主題貫穿本書所有章節：在過去 20 多年由各級法院塑造而成的一種依賴於大律師論點的繁冗、哲學化和消極取向的文化，怎樣扼殺以往行之有效的法律系統。

　　自《中英聯合聲明》「解決」香港前途問題以來，37 年已然過去。在當時，普通法是簡明而剛健的；法庭的判決簡要、清晰而且聚焦於救濟本身。

　　《中英聯合聲明》結束了英國對香港的管治，賦予中央人民政府的「一國兩制」政策以效力，並使該政策在 1997 年 6 月 30 日之後得以實施。1990 年 4 月，全國人民代表大會制定了《基本法》，將「一國兩制」政策具體化，並在香港特別行政區保留了普通法作為支配性的法律系統。

　　本書的一系列文章提出了一些問題。如今在香港法院實踐的普通法合乎「一國兩制」的目的嗎？香港各級法院如今實施着普通法，它們賦予了「一國兩制」以完整且可信的效力了嗎？如果法院做不到，未來會有怎樣的結果呢？

譯後記　香港司法的「解碼師」

　　香港是普通法的一個獨特的角落，卻是「一國兩制」連通中國與世界的和平與發展之橋。「一國兩制」是偉大的憲制構想，是將和平發展與國家主權相結合的戰略典範和制度典範。為此，「一國兩制」採取了一種非常特殊的憲制秩序，不僅確定了香港的高度自治權及其制度架構，更關鍵的是延續了香港據以連通外部世界的法律秩序，即普通法，這與其國際金融中心地位息息相關。如果說「一國兩制」架構中憲法與《基本法》是「本體」，那麼普通法就是「方法」，是香港法律系統維繫活力與理性的關鍵。普通法的權力中樞在司法。

　　香港普通法與《基本法》確認的其他制度一樣，處於「五十年不變」的憲制承諾週期之內。許多人對此不以為然，不具備問題意識和危機意識，不理解甚至難以深入思考：50 年之後怎麼辦？儘管鄧小平先生講過「五十年之後也不用變」，但那是一種理想的願景，絕非自然達成，無法解除當下的守護與實踐之責。經歷 2014 年佔中運動、2019 年修例風波之後，「一

國兩制」的極端威脅性因素基本暴露，但香港司法無能為力，甚至出現縱容「黑暴」的傾向。國家因應香港變局，於 2020 年引入《港區國安法》，2021 年引入香港新選舉法，從國家安全與選舉安全層面重構「一國兩制」制度系統。「愛國者治港」成為香港管治法理學的根本原則。這一切至關重要的法理與制度作為，在理想意義上本可由香港司法完成，但香港司法在自身封閉的邏輯中無所作為，醉心於對「普通法適用地區」甚至歐洲人權法院判例的鈎沉與賞玩，以及對社會運動表面價值的過度同情，引來了關於香港「司法改革」的迫切呼聲。在所有這些改革呼籲中，香港司法內部的批評極為罕見，這或許與香港司法的自治傳統及「內行人紀律」有關。但烈顯倫（Henry Litton）是一個顯著的例外，一個香港司法的解碼師和批評者。但他顯然不是普通法的「反叛者」，相反，他是普通法最堅定的信仰者和維護者，所謂愛之深，責之切。

香港司法有未來嗎？這個問題對「自信心爆棚」的香港法官而言，簡直是天方夜譚。但這是真實的問題，是香港法治甚至香港未來最具挑戰性的問題。在《香港司法的未來》一書中，烈顯倫反覆陳述這一問題的極端重要性及其制度處境：其一，「五十年不變」的制度壓力週期，如果香港普通法做不好，便不值得繼續信任，問題恰恰在於最近 20 餘年來香港普通法在一種「律師─法官」不自律的司法遊戲中逐步偏離了普通法的本來面目、原則與活力，造成香港司法與其他權力分支、香港社會甚至中央權威之間的緊張關係；其二，「一國兩制」的獨特權力結構，有一種此消彼長的互動關係，即《基本法》最終解

釋權屬於全國人大常委會，香港司法不作為或亂作為，特別是在憲法問題上的激進和偏差，必然引來更多的人大釋法，從而造成香港普通法被「規訓」，而《港區國安法》也是一種國家法治規訓機制，國家有更多的合法制度工具可以調用；其三，「司法獨立」的社會信任基礎，在律師和法官共同推動的「普通法」繁瑣而難解的司法遊戲中，社會越來越不能跟進理解和對話，司法過程越來越被一種「智力和邏輯」遊戲所左右，喪失了普通法立足經驗和常識的制度優勢和社會認受性，而這種社會信任基礎的流失及司法公信力的衰減，必然最終反噬司法本身，甚至帶來激進的司法改革壓力。

有趣的是，2020 年 9 月 3 日，烈顯倫在香港《明報》發表文章〈是時候緊急改革了〉，對香港司法的亂象及對普通法原則的偏離進行了犀利的批評，並提出了普通法刪繁就簡、回應經驗常識及對憲制秩序負責的改革倡議。香港社會對此「內行」批評有很多呼應和贊同之聲。2020 年 9 月 23 日，時任終審法院首席大法官馬道立發表長篇司法立場文件，對包括烈顯倫批評在內的有關改革討論進行了適當回應，但顯得避重就輕，缺乏系統反思和改革計劃。在《香港司法的未來》一書中，香港司法的「異化」似乎與「馬道立法院」時期的司法能動取向與消極後果有很大關係，當然這是系統性的偏執和長期定向積累的結果，絕非個人之責。作為香港司法界的「老人」，事實上烈顯倫對法官還是頗為愛護的，在其「追責鏈條」中主要是將責任指向了香港律師界，其中的資深律師們「帶壞」了司法風氣，罪責難逃。不過，法官手握司法重權，如果嚴格維持普通法原

則和司法紀律的話，律師也很難有縱容恣意的餘地。香港司法
異化之責也不能簡單歸於律師。法院仍然是中樞，法官仍然是
首責，而司法改革的正確路徑及香港普通法的「回春」之路，
要害仍在法官，而不是律師。如果是律師誤導和帶壞了法官，
那是因為法官本身還不夠自信或者對普通法與香港法治的理
解、信任和堅守還存在不可迴避的薄弱環節與漏洞，這正是香
港司法改革要着力的地方。

　　烈顯倫在書中借助香港的具體司法案例，不僅按照規範
的案例分析套路加以呈現，甚至指名道姓對香港法官進行專業
性批評，可謂透徹，敞亮。作為普通法的忠實信徒，烈顯倫認
為 1980 年代確定「一國兩制」大政方針時的普通法是走在正道
上的，也因此得到中英兩大國的共同信任，將「一國兩制」的
法治大任託付給普通法。然而最近 20 餘年裏，香港普通法走
偏了，律師與法官似乎有着某種合謀將香港普通法變成了「肢
端肥大」的怪物，在一系列重要的案例中既背離了法律的自律
性，也損害到香港的良好管治與高度自治，並與社會公眾之
間出現信任危機。烈顯倫不惜撕破香港司法的「神秘面紗」，
打破同行之間不相互批評的表面默契，對香港司法進行「內部
解剖」，讓香港各界正確理解香港司法的問題所在，從而引起
合理的改革商談與制度行動，幫助香港司法重回正軌，使得香
港普通法再煥生機。烈顯倫心目中是有「理想普通法」的影像
和標準的。在「司法獨立之反思」一節，烈顯倫提出普通法的
經驗本質和「金字塔形象」：「它起源於社會的基層。通過累積
個別案例，法律原則得以演化。就像一座金字塔，普通法的底

座寬闊，建立在人類經驗之上，而經驗又不斷被汲取以建立法律「頂端」的理論和原則。普通法訴訟的關注點，是基於對關鍵事實和問題的深入理解之下的補救方案。法庭的全部精力應當聚焦於真實議題，以便依法取得可行的結果。」但香港法官沒有守住這個經驗本質，而是醉心於案例鉤沉的遊戲，甚至出現了對抽象理論的長篇大論以及對歐洲大陸法理學的粗蠻移植。烈顯倫話鋒一轉，寫道：「在香港過去 20 多年的諸多案件裏，這座金字塔已本末倒置。一個法庭以法律理論化開啟裁判過程，而不是先去分析關鍵事實。在無需討論的地方，法律卻被「討論」。真實議題已被拖延的司法辯論所遺忘。理論化取代了焦點。」《香港司法的未來》正是建立在這樣的「法律危機」意識基礎上，探求香港司法回歸普通法的經驗本質與服務社會的制度正道。我們強調「一國兩制」要不忘初心，並通過追溯初心引入「愛國者治港」的制度化及一系列撥亂反正的改革。烈顯倫的問題意識在於「香港普通法」也要不忘初心，找回那種簡明而清健的普通法精神，拒絕普通法實踐的政治化、遊戲化甚至不恰當的「歐化」。

　　本書實際上是烈顯倫多部作品的集合：其一，2019 年出版的兩本法律分析小冊子《香港司法夢遊向 2047？》以及《普通法崩潰，自由還在嗎？》，這裏的「司法夢遊症」和「普通法崩潰」都是超級經典和振聾發聵的辯題，是刺激香港司法神經並引起嚴肅的司法改革討論的重要指南；其二，2021 年新寫的關於《港區國安法》的系統評述，共有 23 段，有歷史分析，

有法理論證,有制度解釋,有意見反駁,更有法律系統的前景展望。對《港區國安法》前景的展望,烈顯倫透露出與香港司法「異化」類似的憂慮,即香港司法的不良習慣還會沾染到《港區國安法》的解釋與適用之上嗎?他寫道:「法庭如何處理那些國安案件對香港未來而言事關重大,甚至具有決定性。《港區國安法》的司法路徑會是強健有力和堅定不移的嗎?抑或法庭還會受到大律師意見誤導以及程序性質疑的左右?法庭會是老生常談那些法律的表面含義,還是會運用寬泛的常識解釋法律?這些問題的答案依然懸而未決。」這些擔憂絕非空穴來風,而是老到經驗的閃現,比如「黎智英保釋案」就有反覆,更別說《港區國安法》與香港普通法更加深入、日常化的法理和制度磨合過程了。但他的擔憂某種意義上已為立法者所洞悉和預防,比如《港區國安法》引入了指定法官制度、律政司司長程序介入權、駐港國安公署直接管轄權、香港國安委決定免於司法覆核權、強化的國安警察權以及最關鍵的,全國人大常委會的直接解釋權等。這些新制度對香港司法構成合理正當的制衡及引導,有助於香港司法回歸普通法正道以維護國家安全與香港法治核心價值。當然,這也印證了烈顯倫的一個「隱在」的預測:香港司法做不好,中央就一定會介入。換言之,如果香港司法公正有力,明辨是非,香港何以會變亂?中央又何需大張旗鼓地立法介入?因應國家權力的合法進場,香港的法律環境與法理觀念已有較大變革,香港司法如何自處呢?香港司法還有未來嗎?烈顯倫的問題像個幽靈一般揮之不去。香港司法要體認既定的憲制秩序和國家權威,要接香港的地氣,

謙遜地服務香港社會，回到普通法的經驗本質和理性精神，從「夢遊症」中清醒和康復過來，香港普通法才不會崩潰，香港司法才有光明的未來——這正是烈顯倫作為資深老法官的核心教誨所在。

老先生學識深厚，古道熱腸，對香港司法與普通法充滿熱愛，對司法異化與普通法原則的邊緣化痛心疾首。如果普通法是一種「學徒式」的進階秩序，那麼《香港司法的未來》就像一本退休老師傅的職業手記，超然而熱切地向香港法律界的律師、法官們講述「過來人」的故事及其心跡，對司法亂象及其因由進行深刻的解剖及負責任的改革呼籲，實在是可敬可佩之力作。當然，書中仍有少量關於《基本法》與「一國兩制」的法理認知與中央的官方法理學不完全一致，這是完全可以理解的。老先生是基於普通法立場和香港本位，是為香港價值觀和生活方式着想，在此基礎上對「一國兩制」與國家法治的作為進行理解和溝通。一個如此資深且具有較大影響力的普通法法官，在其耄耋之年仍心心念念香港的普通法生命與司法活力，為香港司法的現狀與未來進行診斷規劃，努力推動香港社會理解和適應「一國兩制」的法理與制度變遷，並以普通法的經驗本質和理性精神重新凝聚香港法治共識，提出了一系列具有建設性的司法診斷意見和改革處方，誠謂香港法治的一大「功德」！

在本書中譯本付梓之時，《港區國安法》實施已一年有餘，香港秩序大定，居民自由權利和安定生活得到良好保障，而新

選舉法下的選舉程序有序展開，民主政治回歸理性常態。新任的「張舉能法院」及其司法作為已有值得肯定和期待的積極面向。與制度重塑相關的是，香港的教育、媒體、社會文化及涉外關係諸多方面也正在「補課」式地深入改革，「一國兩制」的社會政治基礎快速修復和鞏固。2019 年修例風波，2020 年引入《港區國安法》，2021 年香港新選舉法，可謂「港變三年」，「一國兩制」下半場正式啟幕。在面向 2047 年的下半場進程中，香港司法有未來嗎？香港司法夢遊症有治嗎？普通法會崩潰嗎？「一國兩制」如何行穩致遠？這些根本性的問題，均可從烈顯倫的《香港司法的未來》中覓得來龍去脈與合理的思考方向。老先生之普通法學術功底、邏輯推理能力及反諷語言藝術在本書中融於一爐，我們可從中領略，受益良多。

誠以此譯本與任何熱愛香港、熱愛國家及熱愛「一國兩制」的有識之士共勉，並特別祝願烈顯倫老先生身體健康，讓我們一起推動和見證香港司法與香港未來的良性互動！

田飛龍

北京航空航天大學高研院 / 法學院副教授

全國港澳研究會理事

2021 年 7 月 25 日於北航